# 三階段心理防災體系

## 從韌性培養到心理急救與復原的實務應用

王鼎嘉／主編

吳子丰、趙義揚、王鼎嘉／著

# 推薦序
# 從破碎中重生——心理韌性的力量與重建之路

當災難降臨，我們的生命、家園乃至心靈，往往在剎那間被擊碎。然而，正是在這樣的時刻，我們的韌性和勇氣得以展現，也讓心理重建成為重拾生活秩序的重要基石。本書《三階段心理防災體系：從韌性培養到心理急救與復原的實務應用》，正是這條漫長且艱難道路上的一盞明燈。

這是一本充滿智慧與溫暖的書，凝聚了作者們多年在台灣重大災難現場的第一手經驗。作者團隊皆是台灣重大災難事件中深具經驗的臨床心理師，陪伴受創者走過黑暗，重拾生命的色彩。他們不僅在八仙塵爆後陪伴燒燙傷倖存者進行超過兩千次心理評估與會談，也在新冠疫情期間，為重症看護者提供心理治療與復健服務。書中不僅有國內外的研究支持，更結合了作者們在台灣重大災難中的案例與實務經驗，是一本兼具理論深度與實用技巧的工具書。

心理韌性，是災後重建的靈魂。它讓我們在困境中找到與痛楚共存的力量，也讓我們相信，哪怕身處廢墟，仍有可能種下希望的種子。心理韌性並非天生，而是可以被培養與鍛煉的能力。本書的價值，不僅在於它是一部實務指南，更在於它賦予我們一種信念：哪怕經歷再深的傷痛，人類的內心仍有恢復與重生的無限可能。本書以三階段的心理防災體系，從韌性的建立，到急救的實踐，再到重建的深度探索，為我們提供了具體的指引，也喚醒了我們對心理韌性教育的重視。

更重要的是，這本書傳遞了一個關鍵訊息：災後重建不僅是災難倖存者的事，它更是整個社會應當共同承擔的責任與使命。心理重建的工作，是一份以專業技能為基礎、以人性關懷為核心的偉大實踐。當前的社會與教育體系，亟需融入災難心理教育，讓每個人都能在災難來臨前做好心理準備。透過這本書，我們不僅能學到具體的因應策略，更能領悟到人類在面對極限挑戰時，如何透過心理韌性找回力量。

作為一位心理重建的實務工作者，我有幸參與八八風災、台鐵太魯閣號事故及蜂群攻擊等災害的心理復原工作，親眼見證了心理介入如何幫助倖存者與社群重建心理韌性的成效。在這些過程中，我深刻體會到，災後心理重建的意義，不僅僅在於恢復功能，更在於重建內心深處的韌性與希望，幫助人們走出憂鬱焦慮，重現幸福。這不是一條容易的路，但每一個從創傷中站起來的身影，都見證了人性深處的強韌與美好。

因此，我誠摯推薦本書給所有關注心理健康、防災教育，以及希望在困難中找到重建力量的人。無論是心理健康相關領域的專業人員，還是希望了解心理防災與重建的社會大眾，本書都將是您不可或缺的重要指南。讓我們攜手努力，為受災者帶來更多溫暖與支持，為我們的社會建立更加堅韌的未來。

**柯慧貞**
亞洲大學心理系講座教授、
亞洲大學附屬醫院臨床心理中心臨床心理師
台中臨床心理師公會理事長、
前台灣心理學會、
台灣臨床心理學會理事長

# 序

災難來臨時，人們容易被突如其來的恐懼、不安以及無所適從的心理反應所包圍。無論是地震、颱風，抑或大規模公共衛生事件，這些災難均猝不及防地襲擊著個人和家庭的心理健康。隨著氣候變遷的影響增加，未來天災的發生頻率可能會提高，台灣的地理位置和地緣政治的特殊性也可能加劇國民內心的不安全感。在這樣的背景下，我們更應注重心理防災能力的培養。災難不僅是物理上的破壞，更撼動著每一位親歷者的內心世界，帶來無形的心理挑戰。這正是我們撰寫這本《三階段心理防災體系：從韌性培養到心理急救與復原的實務應用》的初衷，希望透過這本書，幫助心理相關從業人士以及對心理防災感興趣的讀者，建立起對於災難前、中、後的心理因應對策，並學習到切實可行的心理介入策略。

本書設計為一本易於理解且實用性強的工具書，適合心理健康相關領域的初學者及正在進修的大學生／研究生使用。我們刻意避免介紹過於艱深的理論，更側重於實務應用和可操作性，使讀者能夠在實際救災過程中，快速掌握並應用書中所提到的心理介入策略。

在我的臨床生涯中，我參與了數起台灣重大災難事件的臨床心理介入工作。八仙塵爆後，在社會與政府的支持下，新北市立聯合醫院成立了燒燙傷復健中心，我有幸擔任專責臨床心理師，陪伴燒燙傷倖存者進行了超過兩千次的心理評估與會談。在台灣新冠疫情爆發期間，我擔任新冠專責醫院臨床心理師，為三百餘位中重症住院隔離患者提供心理治療。隨著疫情緩解，我也參與了衛福部的新冠康復者門診整合計畫，協助長新冠患者進行心理復健。這些經驗讓我深刻體會到災難對人們心理所帶來的巨大衝擊，也看見了台灣在災難心理防護方面，仍有進一步完善的空間。

本書分為三篇，分別探討災難發生前的心理韌性準備、災難發生時的心理急救與處置，以及災難後的心理復健與適應。這三個部份構成了一個完整的心理防災體系，旨在幫助讀者在面對災難時，能夠從容應對每一個階段的挑戰。每階段的心理應對策略都是基於國內外災難心理相關研究與本土實務經驗的結合，目的是提供具體可行的行動指南。

第一篇，我們將重點探討如何在災難來臨前建立心理韌性。心理韌性是人們在面對逆境時，能夠適應、克服困難，並從中學習與成長的能力。這種能力並非與生俱來，而是可以透過後天的培養與訓練來增強。無論是青少年還是成年人，皆可藉由一系列的心理鍛鍊來增強自己的韌性，為可能到來的災難做好心理準備。此部分由吳子丰臨床心理師主筆，旨在讓讀者了解並實踐心理韌性的培養，以便在災難來臨時具備更強的應對能力。

第二篇，聚焦於災難發生時的心理急救。當災難突然發生，人們的心理反應往往會出現強烈震盪。在此階段，以迅速且有效的心理介入至關重要。無論是辨識需要幫助的人群，抑或運用適當的心理晤談技巧，這些方法都可以幫助受災者穩定情緒，降低急性創傷的後續影響。此部份由趙義揚臨床心理師主筆，內容強調心理急救的時間性和有效性至關重要，旨在於第一時間為受災者提供心理支持。

第三篇，著重探討災難後的心理復健與適應過程。我們將描述創傷事件經歷者的心理歷程，並藉由大量臨床會談案例，帶領讀者了解創傷者的內心世界。由於災難事件常會帶走深愛之人，故此處亦將探討重大失落對個案的影響。讀者將會發現在經歷哀慟後，部份創傷者仍能從中發現新的自我，綻放創傷後成長，重新找到生命的意義。此部份由我主筆，透過具體案例的分享，我們希望能夠激勵更多的人在災難過後找到重建生活的力量，並理解哀慟中的意義尋求對心理康復的重要性。

我們希望本書能成為心理相關從業人士在災難中提供心理支持的重要參考，也希望它能幫助讀者在專業知識與人性關懷之間找到平衡。心理防災工作不僅是專業技能的運用，更是人性光輝的展現。在面對災難帶來的挑戰時，我們除了堅守專業，也應用心去理解和關懷受災的個體與社群，幫助受災者逐步重建生活，在困境中找到希望，重新走向生活的新篇章。

本書書寫過程中獲得各方協助。首先我們要感謝賑災基金會，基金會長期以來在台灣經歷重大災難時，始終站在第一線，協助受災民眾重建生活。他們在這次出版計畫中展現了前瞻性的洞見，未雨綢繆的希望透過此書使人們能夠在災難發生的各階段做好準備。我們對於賑災基金會的支持表示誠摯的感謝，這份合作不僅體現了對心理防災的重要性，也為台灣人民心理韌性的提升奠定了更穩固的基礎。其次我們要感謝臺灣燒傷暨傷口照護學會黃慧夫理事長、吳思賢理事長、全體理監事會及吳麗花、劉怡妏秘書不遺餘力的協助與支持我們。最後我們要感謝陳韋廷助理，他靈活穿梭於作者與各單位之間，將各方意見交織成具建設性的共識，在行政與溝通方面為我們提供了極大的支持。

**王鼎嘉** 臨床心理師

# 目錄

# 第一篇

# 災難之前：意外發生前增加心理韌性的準備

吳子丰臨床心理師

意外事故總是在突然之間發生，有時就算做好準備也難以預料、避免。有些人面對意外與創傷時能快速鎮定、復原，有些人則從此一蹶不振、鬱鬱寡歡，其中的差異就在於個體的心理韌性強度與如何使用內外在的資源。本篇著重於協助讀者理解和心理韌性、內外在資源相關的面向及特質，例如對於情緒的理解與接納、人際關係的重要性等，這些能力和資源如何在日常生活中發揮功效，並在災難發生時幫助我們度過危機時刻。當然，理解心理韌性的內涵之後，也需要在生活中實踐，才能在面對意外時發揮最大功效。

# 第一章 認識心理韌性

## 一、心理韌性介紹

### (一)心理韌性的概念與定義

當我們聽到韌性（resilience）這個詞時會想到什麼？可能是一個物品具有可承受外力的程度，例如一條繩子可以被拉得多長，或一個袋子可以裝入多少東西。韌性指的是堅韌不撓的個性，或材料本身藉著塑性變形所能吸收能量大小的性質，如延展性、脆性、彈性等。當物品的韌性愈高，則能夠承載外力而不至於被破壞的可能性就愈高，像是彈性極佳的橡皮筋可以被拉得很長而不致斷裂，而堅固的橋墩在風吹雨打下也不容易坍塌。

韌性的概念首先由生態學者霍林（Crawford Stanley "Buzz" Holling）於一九七三年提出，用以描述某個生態系統遭遇自然或人為干擾後，是否能夠平安無事，如地震、野火等天災，或人類為了農業、商業需求而開發森林。其中也提及即使受到創傷後，亦能迅速回復的自我修復能力，強調復原系統的存在。以森林為例，整個生態系統經常面對突發事件，如大火、大雨或蟲災，新聞中經常聽到的森林大火常被認為是災難，像是大火的蔓延會讓動植物面臨滅絕、食物資源和繁殖場域消失，以及嚴重的空氣汙染，更可能改變生態系的運作結構。但新聞沒有提到的是，森林大火同時也燃燒、清除掉多餘或生病的動植物，燃燒後的灰燼將會成為土壤中的養分，而茂密的樹林焚燒後，還能讓較低矮的植物和地面得以接觸陽光，新一代的幼苗得以生長。大火對森林而言，帶來的不只是災難，更有可能是滋養、是新生或改變的契機。

人類的心理韌性也如同森林一般，涵蓋的概念不只是如何承受與因應外在的威脅，也蘊涵了在威脅與創傷的情境下，如何靈活自處，或因應逆境開拓出新的路徑。根據美國心理學會（American Psychological Association, APA）的定義，心理韌性（Resilience）是個體面對逆境、壓力或挑戰時，能夠在心態和行為上保持彈性，調整自己的內外在狀態（如情緒、想法或行為、環境），以適應整個事件的過程和結果。亦即當一個人面臨到內在或外在的困境、挑戰甚至災難時，能夠保持情緒的鎮定、冷靜，知道、整理並使用自己內外在的資源，來幫助自己有效應對挑戰或災難情境，適應逆境並從中反思成長，就是個體符合具備心理韌性的定義。

## ㈡與心理韌性相關的研究

心理學家們所關注，關於在弱勢環境下的兒童發展，過去的研究假設，當發展中的兒童所處環境風險愈高，如不良的養育方式、低教育水準、貧窮、住在犯罪率高的社區、有較多的生活壓力等，則引發適應不良或罹患精神疾病的比率就愈高，也容易再傳遞給下一代而形成惡性循環。但以安・馬斯頓（Ann S. Masten）為首的發展心理學家們的研究結果卻出乎意料地發現，大多數的風險是可以被兒童所擁有的「特質」或「資源」反轉，不一定會出現原本預測的不良後果。例如，雖然處於貧困環境中，但有良好親職能力的父母仍舊能夠提供愛與關懷、情感支持及人際互動的榜樣，使兒童不至於出現太大的情緒或人際困難。同時也發現，即使在困境中成長的兒童，仍有許多人可以正常發展，成年後也能經營出健康的人際關係、勝任穩定工作，或在不同領域中有良好表現。安・馬斯頓還提出「平凡的魔法」（ordinary magic）的概念，強調在面對逆境時，人們展現出來克服逆境的能力其實是普遍存在的現象，這些研究帶給我們的啟發，是即使在困境中，人類的心智仍有克服困難的能力。

心理韌性的內涵接著成為研究者好奇的目標，希望能找出具有代表性的指標，以做為預防、治療和介入的框架、目標與策略，使心理韌性成為面對創傷時的保護因子，在創傷事件來臨時，個體不至於被擊垮、崩解，反而可以有能力在創傷事件中站穩腳步，甚至從中成長，進而找到幫助自己和他人的力量。不同學者們紛紛提出具備心理韌性的定義，眾說紛紜，但也有人認為心理韌性其實存在於日常生活中，是人類適應環境的基本能力。針對美國「九一一」恐怖攻擊事件的研究也指出，約三分之二的人在經歷創傷之後都會出現符合心理韌性定義的行為或特質，這些特質是在災難或創傷出現後、個體復原之前就早已具備的，是個體本來就存在的特質，並非後天學習而來的。

## 二、心理韌性與災難

### (一) 心理韌性如何協助我們因應災難

災難事件經常是突然發生，無法準備或預期的。每個人面對災難時的反應可能都不同，有些人驚慌失措，有些人無法接受，有些人陷入無助和絕望中，有些人甚至發展出壓力和創傷反應。而在緊急且慌亂的狀況下，也有些人可以保持冷靜，有些群體也能快速組織起來，迅速提供相互的支持和幫助，共同度過難關，並且持續在後續的恢復和重建工作中協助受災者整理、重建家園和調適身心。

我們的個人經驗、社會支持、文化背景、培訓和教育都可能影響我們如何對災難做出反應，如曾經經歷相同災難的人，和初次面臨災難者的反應也許就不相同，個體可能會更加堅強或脆弱。擁有具體、實際或大量社會支持的人往往更能夠良好的應對災難，當群體團結起來互相幫助時，通常也能提高生存機會和減少損失。文化看待災難的方式也會影響個體對災難的反應，如對於地震、海嘯等自然災害，日本人視為生活的一部份，並且經常投注大量資源在防災演習、教育和緊急應變上，而若事前接受過災難應對的課程、培訓者，通常也更能夠冷靜和有效應對災難。雖然有很多因素都會影響我們如何看待和應對災難，但貫穿其中的重要指標就是面對災難時的心理韌性。

目前已知有許多因素都會讓人們更能適應逆境，其中有幾個主要關鍵且共通的因素，例如個人對世界的看法及與世界互動的方式、社會資源的可用性和品質以及具體的應對策略。想法可以在被理解之後做出調整、改變，良好且有實質幫助的人際關係能逐漸累積，而內外在的資源和問題解決策略則可透過學習和培養增加。和心理學相關的研究也顯示，更積極適應（即更強韌）相關的資源和技能是可以培養和練習的。也就是說，透過對自己的認識與理解，學習和練習相關的因應策略，可以幫助人們在面臨挑戰和逆境時，保持冷靜及控制的能力，並從挫折中恢復過來。而同時，韌性代表的不僅是個人在逆境中恢復的能力，更是一種適應力和成長力，能從困境中學習、適應，進而變得更加強大。

## (二) 具有良好心理韌性的樣貌

我們每天都在面對生活中的大小挑戰和波折，有時候也會面對突如其來的災難，在這些挑戰面前，如何展現彈性應對和從中成長，就考驗著我們的心理韌性。過去的研究提出了各種不同的心理韌性指標，但具備良好心理韌性的人，多數在面對困境或災難時，可能都會出現以下的反應：

### 1. 冷靜沉著，保持鎮定

了解自己當下的情緒反應和想法，並非毫無情緒反應，也不是被過度恐慌或擔憂的情緒所左右，而是能理解自己的情緒從何而來，接受自己有這樣的情緒，理解情緒可能是暫時的，會隨著時間或思考逐漸沉澱，並有讓自己情緒抒發的管道或方式。調整好情緒，大腦就不至於被過多的擔憂和焦慮所淹沒，待情緒緩解、平復之後，可以思考的大腦就會重新啟動。

### 2. 接受挑戰，保持彈性

知道挑戰是生活中不可避免的一部份，即使每天的生活再規律、日程再有條不紊，也仍有意外發生的時候。當意外來臨時，將其視為「挑戰」或「苦難」，可決定我們後續如何應對。能將意外視為挑戰的人，會積極面對困境，努力找到與其共存的方式，而將意外視為苦難的人，則可能很難發現自己仍有能力應對，容易陷入情緒，終日自怨自艾而難以自拔。

### 3. 運用資源，建立連結

我們先天便有與他人交流、相互支持的傾向和需求，能在逆境中啟動連結雖然相當不容易，但若能有家人、朋友或同事的傾聽、鼓勵，或是接觸能夠支持自己的團體組織，便可幫助個體在面對困境時不孤單，感覺受到支持，使其在心智上更加堅強。而若人際資源能夠提供討論、應對策略，也能幫助個體有更多因應困境的實質作為。

以上雖列出三點指標，但心理韌性涵蓋的範圍極廣，仍有許多面向彼此交織影響，

## 表一·「RS-13」韌性量表

| | 1= 不<br>我完全不同意 | | | | | | 7= 是<br>……我完全同意 |
|---|---|---|---|---|---|---|---|
| 1 當我有了計畫，我會去遵循它。 | 1 | 2 | 3 | 4 | 5 | 6 | 7 |
| 2 一般來說，我會設法辦到所有事情。 | 1 | 2 | 3 | 4 | 5 | 6 | 7 |
| 3 我不會讓自己很快就出局。 | 1 | 2 | 3 | 4 | 5 | 6 | 7 |
| 4 我喜歡我自己。 | 1 | 2 | 3 | 4 | 5 | 6 | 7 |
| 5 我可以同時解決多件事情。 | 1 | 2 | 3 | 4 | 5 | 6 | 7 |
| 6 我是果斷的。 | 1 | 2 | 3 | 4 | 5 | 6 | 7 |
| 7 我實事求是。 | 1 | 2 | 3 | 4 | 5 | 6 | 7 |
| 8 我對許多事物都抱持興趣。 | 1 | 2 | 3 | 4 | 5 | 6 | 7 |
| 9 一般來說，我可以從多個角度觀察某個狀況。 | 1 | 2 | 3 | 4 | 5 | 6 | 7 |
| 10 我也可以強迫自己去做那些我自己根本不想做的事情。 | 1 | 2 | 3 | 4 | 5 | 6 | 7 |
| 11 每當我處於困境，我通常都能找到一條出路。 | 1 | 2 | 3 | 4 | 5 | 6 | 7 |
| 12 我身上充滿了能量，可以去做所有我必須做的事。 | 1 | 2 | 3 | 4 | 5 | 6 | 7 |
| 13 我可以接受不是人人都喜歡我的這項事實。 | 1 | 2 | 3 | 4 | 5 | 6 | 7 |

（引自時報出版《韌性：挺過挫折壓力，走出低潮逆境的神秘力量》一書）
https://www.cw.com.tw/article/5071933

如理解自己的程度、是否相信自己所具備的能力與特質、個體的適應能力、個體的問題解決能力，都會影響個體如何看待自己和挑戰，而過往的人際關係也常會影響到個體目前的人際互動模式。若想要了解心理韌性的強度，可參考由德國耶拿大學醫院學者所設計出的「RS-13」韌性量表（表一），內含十三道題目，可測量自己的韌性數值。

## (三) 心理韌性在災難中的展現

波士頓馬拉松爆炸案：二〇一三年四月十五日，兩枚炸彈在波士頓馬拉松的終點附近被引爆，造成三人死亡，一百八十三人受傷，三十人被送往醫院急救或截肢，其中一人便是安卓恩．哈斯利特（Adrianne Haslet），一名專業的國標舞舞者。安卓恩從小熱愛跳舞，成為舞者、表演與比賽是她從小的夢想，她曾在國標舞領域排名世界第三。在爆炸案前，她是成功的職業舞者，並熱中於舞蹈教學，但在這一場爆炸災難中，她的傷勢嚴重，在被送往醫院時就被告知需要將部份左腿截肢。安卓恩當下難以相信，拒絕接受也感到極度絕望，她痛恨炸彈客奪走她的夢想，並懷疑自己是否還能繼續跳舞。

然而安卓恩對跳舞的熱情並沒有被澆熄，她很快下定決心，未來仍要重新站上舞台，那些告訴她不可能再跳舞的人，以及失去左腿的現實都不足以阻擋她。雖然對於未來仍感到不確定，但憑藉著毅力、勇氣與樂觀的態度，安卓恩在積極復健、裝上義肢之後重返舞台，甚至在三年後以「跑者」的身分再度參與馬拉松賽事。安卓恩的生命遭逢巨變，雖然曾經悲痛、絕望，但她也誠實接受現實，讓事件成為生命中的一部份，找尋可以與之共存的方式，也找回對生命的掌控權。她不放棄跳舞的夢想也鼓舞了許多身體殘疾者，面對自己的殘疾不一定是實現目標的障礙，也開啟對生命韌性無限可能的想像。[1]

南亞海嘯中的生存者：二〇〇四年十二月二十六日，在印尼蘇門答臘島西邊一百六十公里處發生了一場芮氏規模九的大地震，接著引發浪高高度達十五到三十公尺的南亞大海嘯，造成印尼、泰國、斯里蘭卡和印度等地區傷亡慘重。當時因正值聖誕節的旅遊旺季，加上印度洋地區已超過百年沒有遇到海嘯，對海嘯的缺乏認識且沒有預警系統下，有超過三十萬人罹難，其中三分之一是兒童。當中年僅六歲的馬圖尼斯・薩比尼（Martunis Sarbini）與家人失散，他的母親和兄弟姊妹在災難中喪生，他獨自一人被困在海灘上長達二十一天，靠著撿拾食物和雨水過活，被發現時身體虛弱且嚴重脫水。

在連大人都難以存活的困境下，馬圖尼斯活了下來，被發現時，他身上穿著葡萄牙足球隊的球衣，而災難發生時他正在練習踢球，他從小的夢想就是成為一名足球員。當被問到他那二十一天的經歷，馬圖尼斯說：「我一點也不怕，因為我想要活著再見到家人，和成為一名足球員。」信念和夢想支撐馬圖尼斯活過那艱難的二十一天，並在往後的日子持續練習球技，馬圖尼斯沒有放棄自己的抱負和夢想，終於在二〇一五年成功與葡萄牙體育俱樂部簽約。[2]

## 三、自我概念、情緒和人際關係對心理韌性的影響

### (一) 自我概念與心理韌性

#### 1. 自我概念的定義

我是誰？我從哪裡來？又要往哪裡去？當自我介紹時，你會怎麼描述自己？當我們要對他人介紹自己時，就會開始思考自己是什麼樣的人。自我概念是對自己的認識與了解，是過去、現在及未來自己種種樣貌的集合體，也是個體對自身的綜合評估，包含對

[1]《哥倫比亞廣播公司新聞》（*CBS NEW*）、《暗流》（*The Undercurrent*）等。

[2]《每日郵報》（*Daily Mail*）、《華盛頓郵報》（*The Washington Post*）等。

行為、能力、個性、身體、個人價值所持有的態度和判斷。自我概念會從小時候就開始形塑，而在青春期時面臨找到定位的挑戰，隨著年齡與經驗漸增，自我概念才會逐漸定型。有些人善於理解自己，可以將個人特質發揮到最大化，以自身的優勢在事業、人際上取得成就，但也有些人終其一生無法了解自己，陷入盲從、追逐的循環中，找不到方向和價值。

## 2. 自我概念的來源

小時候，父母、師長都會告訴我們自己是什麼樣的人、有什麼特質，從他人的回應中，我們逐漸形成對自己初步的理解。如一個孩子若經常被誇讚善良大方，他會感覺這個特質是被人喜歡、自己也是受喜愛的，在下一次的人際互動情境中，便有很高的可能性會繼續展現這個特質。但若有一個孩子經常被家長和老師責罵或嫌棄，被說「笨手笨腳」、「不動腦思考」，那麼他對自己的認知可能就包含不夠聰明、不夠有能力或不夠努力。

在長大的過程中，這些回應或評價會不斷和我們認識的自己交互作用，自我概念雖然是對自身的理解，但也是藉由個體跟環境的互動而逐漸形成，經由他人的反應來增進對自己各方面的認識，再透過對自己的認知來認識、評估環境，進一步決定行為、反應的方式，是不斷與外在互動的歷程。

### 3. 自我概念如何幫助個體因應災難

面對災難時，自我概念會影響我們如何應對和感知災難事件，包括是否認為自己足夠堅強，有能力面對和克服困難，並且能夠重建生活；是否認為自己有責任感、使命感來應對災難；是否有足夠的情緒調適能力；是否認為自己有足夠的創造力和適應力，對自己的健康和安全的重視程度，以及自己是否值得被照顧、支持和被愛。

若以上的答案都為是，且能對應到真實狀況，亦即對自我的認識是貼近現實狀況的，那麼便是擁有積極、自信和適應度強的自我概念，會幫助個體更有效地應對和克服災難帶來的各種挑戰。但相反的，若對自我不夠認識與理解，對自我抱持負面認知，或現實的能力與自我概念有落差時，在面對災難與壓力情境下，就較容易感到匱乏、自我懷疑及否定，甚至被困境所擊垮。

## (二) 情緒與心理韌性

### 1. 情緒的定義

生活中的每個事件都可能引發個體不同的感受，小至沒趕上公車，大至工作中出錯。當個體對於事件有主觀的體驗，或出現生理、行為反應時，即為情緒反應。情緒是我們應對外在刺激與內外想法所引發的狀態，是一種相對複雜的反應，涉及心理、生理和行為層面：

- 心理上，個體對事件或情境產生主觀體驗，包含快樂、憤怒、悲傷、恐懼、驚訝、厭惡等基本情緒，或衍生出的複雜情緒，如嫉妒、羞愧等。
- 生理上，情緒常伴隨身體的變化和生理指標的改變，如呼吸急促、心跳加快、肌肉緊繃、冒汗、壓力賀爾蒙分泌等，代表身體正在做出反應來因應緊急狀況。
- 行為上，情緒常引發特定的行為反應，例如開心時的微笑、難過時的哭泣、害怕時的躲避或生氣時的攻擊，這些反應有助於個體適應環境和應對挑戰。

## 2. 情緒的來源

街上響起一陣震耳欲聾的鞭炮聲，原來是鄰居家有喜事，大人臉上堆滿笑容，每個人都忙進忙出但仍開心互道恭喜。此時沒人注意到廚房的角落躲著一個摀著耳朵的小孩，被剛剛連續的鞭炮聲嚇到不說，也因為大人們都忙著準備，無暇顧及他而覺得孤單又難過。

上述的例子告訴我們，情緒的來源其實是我們主觀的感受，並且會受到我們如何看待事件的觀點影響。也就是說，是我們對於事件的「想法」在影響我們如何感知事件，這些想法可能是自動化存在，或是演化而來的，有時不會經過意識層面，可以使我們很快的反應。例如看到一條蛇突然出現在眼前，我們會下意識躲開並感到害怕，看到蛇代表「危險」的想法並不會那麼快被我們意識到，可是緊張和畏懼的感覺會先使我們躲避危險情境，在危急的時候先做出適當的反應。而另一種演化而來的情緒則像是父母對小孩的關愛，看到孩子很自然地就會感受到他的可愛，想要照顧他，而孩子會自然回應父母的眼神和肢體接觸，雙方的互動可以為彼此帶來幸福的感覺，並為生命延續帶來有利的後果。但要說出為什麼愛自己的孩子，或孩子為什麼會依賴父母？或許大多數人都無法為那種感覺提供一個明確的答案。

另外一種想法是較能被意識覺察到、較能說出原因的，可能是受過去的經驗累積，被文化與社會環境灌輸的固定評價所影響而形成。例如主管沒有經過公平分配就丟了一個工作給你，又不聞不問讓你必須自己面對結果，增添工作壓力不說，還要留下來加班。想必很多人讀到這裡都已經感到一把火在燃燒了，不被尊重時會覺得憤怒，感受到不公平時會覺得委屈，或許還會聯想到過去與權威人士相處的經驗，那種無法為自己發聲，只能默默承擔的心情；或是連結到更深層的家庭互動關係，面對嚴厲的父母卻無法反抗，以及面對傳統價值觀時那種矛盾又掙扎的感覺，既要說服自己服從權威，或同意職場文化就是如此，但仍因無法為自己發聲而感到委屈。雖然這些感受和想法較能浮上心頭被我們感知，但也許是經過一層又一層的堆疊，也可能是不同情緒想法的累加或彼此影響，仍需不斷探索、思考才可能較清楚的理解情緒和想法的本質。

## 3. 情緒穩定如何幫助個體因應災難

那麼我們是否可以去感受或思考自己的情緒？大家或許會直覺地回答當然可以，但事實可能更加複雜。要能覺察自己的感受，對多數人來說也不是件熟悉的事，現代社會的快步調經常讓人很難停下來思考自己正在發生或經歷什麼，我們時常聽到「情緒沒有對錯」這句話，但為什麼我們也常會覺得自己「不應該這樣感覺」或「沒有感受到任何感覺」？時常聽到長輩在教育小孩不可以生氣，但往往大人在面對孩子的行為時，展現出來的卻是不耐煩、生氣、挫折，為什麼大人可以展現情緒（雖然可能是不自知的），而孩子卻不被允許呢？

其實面對情緒時，多數人的心情是矛盾且複雜的，對感受情緒的抗拒或沒有感覺可能包含很多原因，也許是來自過去沒有被承接情緒的經驗，包括父母、自己、他人對自身情緒的理解。例如小男生在哭，可能會被要求停下來，因為「男兒有淚不輕彈」，或是情緒經驗被忽略，直接要求處理問題，而這也是許多人長大之後無法處理自身情緒的原因，因為長大的過程沒有被教導要如何覺察、調節自己的情緒。

有些人的特質較為敏感，情緒感受特別強烈，時常被自己的情緒或被別人影響而覺得喘不過氣。當不知道如何舒緩自身複雜的情緒時，常會選擇忽略或壓抑，讓自己的感受單純一些，生活比較好過。但情緒往往會在最無法控制的時刻暴衝出來，使個體感覺失控或無法與自己的情緒共處。除此之外，常用理性化思考的人也時常忽略情緒，或很難感知自身及他人的情緒，甚至習慣以同樣的方式應對問題而不喜歡改變。但情緒存在的重要目的之一，也是引導我們覺察自身的想法，對個人的成長、生活品質及人際互動都有深遠的影響，若無法覺察情緒，將會阻礙我們的生命經驗，甚至造成心理或人際上的困難。

另一個常見無法覺察與表達情緒的原因，是在華人文化下的群體概念，強調合作、順從、情緒不外顯，當個人要展現自己之前，常會先思考群體的利益和社會和諧。家庭中的教育大多希望孩子能夠「聽話」、「懂事」或「乖巧」，而能夠表現出溫順特質，多半是以壓抑情緒和自我控制來展現。傳統文化價值中的謙遜和內斂，更是期待個體在有情緒時，能夠保守、克制，時刻展現出符合社會與文化期待下的行為，才不至於破壞家庭和團體利益。如同日文中形容觀察情境氣氛能力的「閱讀空氣」一詞，華人文化中同樣也期待個體能夠察言觀色、謹言慎行，因此為了維持團體和諧與秩序，往往很難表達個人的想法或意見。

### 4. 情緒穩定如何幫助個體因應災難

探索與覺察自身的情緒已被證實對於個人成長和生活品質有深遠的影響，如可以幫助我們理解自我，從意識到自己的感受和行為開始，到接受自己真實的樣貌，建立健康的自我形象。探索情緒同時也能幫助我們增強情緒管理和壓力適應能力，當面對情緒爆點或壓力挫折時可以理解自己情緒的來源；保持冷靜並尋求有建設性的解決方式；避免被情緒淹沒或衝動的行為反應。情緒能協助我們發展或改善人際關係，以清楚、有效和有界限的方式與他人互動，適時澄清自己的需求和想法，減少誤會與衝突，並從理解自己的情緒開始培養理解他人的同理心。理解情緒同時可以做為我們決策的一環，讓內在動機引導我們制定目標和更長遠的人生規劃，幫助我們提升生活滿意度、成就感，也能預防心理問題，促進身心健康。研究顯示，自我覺察度愈高的人，在生活中的自我掌控度可能也愈高，通常會有比較快樂、和諧的人際關係和身心狀態。❶

當面對災難，若我們已掌握對自身情緒的基本覺察，也有足夠的自我理解，知道自己當下的情緒狀態，就不至於被驚慌失措的感覺淹沒，而能夠保持冷靜並開始思考後續的疏散、撤離或救援行動，在困境中找到解決問題的方法。同時，若能理解情緒反應是正常的，且每個人面對相同的事也可能有不同的反應，就能在災難中允許他人有自由的情緒流動與展現，不將自己的情緒經驗強加在他人身上。

當我們擁有對自己情緒調節的正向經驗，面對災難時也更能有效的管理自己的恐

❶ Fletcher, C., & Bailey, C. (2003); Sutton, A., Williams, H. M., & Allinson, C. W. (2015)。

懼、焦慮、悲傷、憤怒等情緒，嘗試保持積極的心態，在災難期間協助危機處理，災難後快速恢復心理平衡並參與善後工作。當然，面對災難時仍會勾起許多過往經驗，使人無所適從、絕望或低落，若自身便為受災者，更會有許多失落、不公平或憤怒的感受，但若有良好的情緒自我覺察、調節能力，個體就較有機會能轉換情緒、改變想法，並在災後恢復平衡。

## (三) 人際關係與心理韌性

### 1. 人際關係的反思與挑戰

與他人之間的互動是我們每天必定會有的經驗，無論是在現實生活中或網路世界上，都少不了與旁人互動、連結的機會。而除了經濟職業壓力、身心健康、全球化問題與社會快速變遷外，人際互動的議題也是多數人生活中一個主要壓力或煩惱的來源，包含與不同階層或遠近親疏的人際關係，如家人（親人）、朋友或摯友、職場同事長官、伴侶之間的相處問題，也有不少人為此尋求協助，希望能夠運用各種方法改善關係。試想你的生活中是否有相處起來感覺融洽、舒適的人？又有誰是光想起來就覺得困擾，不知道該如何互動的對象呢？又或者有些人擁有自己很喜歡的特質或個性，但怎麼就是無法接近，和睦相處？

人際關係之所以複雜與困難，是因為牽扯到兩個或兩個以上的自我意識必須互相協調，不僅能夠退讓與妥協，又要能適時踩穩底線，彼此才能感受到互動中是舒服愉快的。而在願意協調之前，還需要兩人都願意靠近彼此，為彼此付出一些心力，否則接下來的事情就都不會發生。在思考怎麼解決人際互動問題之前，可能要先思考的問題是：這個人是誰？他在我生命中佔據什麼樣的角色？這段關係值得（我為他付出或改變）嗎？我將從這段關係中獲得什麼？在確定自己的心意和想法後，或許對於不同的人際關係就會有新的定義和選擇方向。

## 2. 人際關係與自我概念

不難看出在應對人際關係之前，我們也需要對自己的想法、感受和自我概念有一定程度的理解，才能協助選擇和維持不同的人際互動方式。但在社會互動的歷程中同樣也能提升我們對自身的理解，如透過他人對我們的評價和回應，我們能夠認識不同面向的自己。過去心理學家提出「周哈里窗」（表二）概念，分成四個象限，分別是：

## 表二・周哈里窗圖

| | 自己知道 | 自己不知道 |
|---|---|---|
| 他人知道 | **開放我**<br>自己知道，別人也知道的一面。 | **盲目我**<br>自己不知道，但他人看出來的一面。 |
| 他人不知道 | **隱藏我**<br>自己知道，但他人不知道的一面。 | **未知我**<br>自己不知道，他人也不知道的一面。 |

- 開放我：自己知道，別人也知道。如一個人是安靜、內向的，是自己同意、他人也觀察到的特質。
- 盲目我：自己不知道，別人知道。如他人形容個體其實很在意外界評價，在人際互動中是敏感的，但本人卻沒有意識到自己是這樣。
- 隱藏我：自己知道，別人不知道。如知道工作應該怎麼做，但卻沒有告訴同事，或其實自己很受不了同事在午休時大聲喧鬧，但卻沒有說出來過。
- 未知我：自己不知道，別人也不知道。自己和別人都還不了解、未被開發過的部份。

### 3. 人際關係的益處與壞處

發展周哈里窗的學者認為，透過坦誠相見、他人回應與積極互動，可以減少人與人之間認知的差異。擴大開放我，讓自己與他人都更能夠理解自己後，可以提升個人影響力和與他人互動中的信任感，進一步調整及改善自我與他人之間的互動關係，並能改善工作氣氛、提高工作效率。除了周哈里窗外，過去的研究也發現，擁有社會支持對一個人的身心安適都能提供很大的幫助，例如可以提升心理健康，促進個人的心理韌性與自我價值感，預防和減少憂鬱、焦慮等心理問題；能幫助個人減輕壓力和焦慮，藉由他人的支持與陪伴得到情感的安慰或實際協助，例如財務上的支持、勞力支援或日常生活上的幫助。他人也能在我們適應新環境和變化時，提供必要的訊息和指導，幫助我們做出決策或解決問題（如新人由友善的資深同事帶領，較能在工作場域中快速適應）。透過與他人互動，我們也能增加內在的融入和歸屬感，促進社會的互動與連結。

當然，人際關係並不總是這麼美好，正向的人際關係雖然能幫助我們感到有歸屬、被支持和鼓勵，但也仍有負面的人際關係會損害我們的心理健康，使生活品質或幸福感下降。例如充滿衝突和對立的原生家庭關係，面對父母的評論、手足間的競爭，因無法避免也無法逃離，致使許多人都為之苦惱，直到長大後有能力離開時才有機會改善；在職場上與同事間的競爭，常會讓工作關係失去和諧，帶來的壓力可能導致工作效率下降。而社會中也常見人與人之間的失信與冷漠，例如猖獗的詐騙手法、國與國間的敵對關係，在在都會降低大眾對彼此的信任，減少合作、互助的機會，甚至引發戰爭。

## 4. 人際關係如何協助面對災難

因此當面對重大事件或災難時，我們要試著允許自己接受他人的幫助，找出生命中已存在的良好社會支持關係，或是在過程中培養出新的、能夠協助我們度過困難的支持系統。在了解自己需要什麼的前提下，讓正向的人際關係幫助我們度過難關，辨認並知道負向的人際關係會帶來的損害，避免那些關係對我們造成二次傷害。正向的人際關係可提供我們情感支持、實質上的具體幫助、有用的建議與訊息，或正面的回應來提升自信，這些都有助於我們在面對壓力和挑戰時，仍可保持身心健康。例如一個有相似經驗的人，可以在我們需要討論對災害或創傷的感受時提供支持和陪伴，而社福團體則可在我們需要物資或後續協助時提供實質的幫助。

# 第二章 協助青少年建立心理韌性

## 一、青春期的發展任務和挑戰

青春期是發展階段一個非常特殊的時期，從身體的變化開始，青少年逐漸脫離童年的稚氣，但又不像成人般成熟，經常給人一種很難接近、理解甚至混亂的感覺。為什麼青春期會如此混亂？我們可以從三個層面來理解青少年正在經驗的混亂感覺，包括大腦的持續發展、身體的變化以及內在心智狀態的衝擊。

### (一) 青春期的大腦發展

研究發現，直到青春期晚期或成人早期時，人的大腦仍在持續變化，隨著年齡增長、經驗累積與學習等因素而逐漸塑形。神經元路徑如同道路一般，經常使用的路線會被保留，而少有人煙的路線則會被廢除、修剪，讓大腦的運作更有效率。綜合的研究結果發現，在大腦的不同區塊發展中，發展的順序是從後面到前面，最後發展成熟的區域是「額葉」這個腦區❶，此區域是讓我們能夠判斷、計畫、執行、抽象思考，以及產生洞察的大腦區塊，經過深思熟慮後，我們才能做出明智的選擇。當身處青春期時，額葉尚未發展完全，青少年的大腦也僅有百分之八十的成熟度，直到約莫二十五歲時，大腦的發展才會告一段落。由大腦神經發展的研究結果可知，既然判斷思考的區域是最晚成熟的，在青春期時仍未成熟，如此，我們或許不難想像為何青少年的行為舉止經常衝動、缺少判斷與組織，也總是令人困惑，關鍵的原因之一可能是大腦尚未發展完全。

## (二) 青春期的神經傳導物質與身體變化

青春期時，體內的神經化學物質同樣也在變化中，如多巴胺系統的活性增強❷，這是一種與獎勵、動機和愉悅感相關的神經傳遞物質。多巴胺系統的活化，可以解釋青少年時常求新求變、追求冒險，為了尋求刺激感而增加風險的行為。除此之外，其他的神經傳導物質同樣也在青春期產生變化，如血清素、去甲腎上腺素等，在在都影響青少年的情

緒和行為調節。❸

身體的改變是青春期的另一個劇烈變化，像是抽高、聲音變化、性器官的發育與成熟、生理反應等，這些生理的轉變會讓青少年自然而然地對性及與其相關的事物產生好奇和渴望。而當自己的身體和以往認識的不同，對第二性徵的發育或身體變化的看法也會極度影響青少年的情緒與行動，像是因臉上的青春痘引起的自卑感，或對外表、身材過度在意，加上社群軟體影響，導致為了跟上某些時尚潮流而引發過度節食。

大腦的變化、神經傳導物質的改變，以及面對每一天都看似不同的身體型態，使青少年在這樣不斷的刺激下，生理跟心理都產生極大感受，經常經歷時而狂喜、時而陷入巨大低落的劇烈情緒波動中，而由於他們的情緒調節能力尚未發展成熟，因此就更容易情緒不穩定。但與此同時，我們也時常觀察到青少年展現出異於年齡的成熟感，讓大人感嘆他「長大了，像個大人一樣了」，這也是因為大腦功能的變化，例如認知功能的發展，使青少年的抽象思考能力增加，逐漸能以問題解決或提前計畫來處理問題，他們比

❶約在我們的額頭處 Ruber(2005)

❷Steinberg (2008)

❸Wahlstrom D, Collins P, White T, Luciana M, 2010; Frontline: Inside the Teenage Brain, 2002;Dahl RE, 2003

起兒童時期更能理解複雜的概念，對於未來可以有些預測性且做長期的規劃。此外，社會認知的發展也同樣重要，在青少年時期雖然面臨情緒的不穩定，但他們在理解別人的情感與意圖和社會線索方面的能力逐漸增加，在關注同齡者的同時，也會更重視社會關係和自我形象。

### (三) 青春期的內在心智狀態的變化

過去對於青少年的發展、心理研究與理論，都試著從不同面向解釋該時期的心理狀態，包含發展任務和應該解決的內外在衝突。美國的發展心理學家、教育學者羅伯特・赫威斯特（Robert Havighurst）認為，個體在不同年齡層都有不同的生命任務和挑戰，若在心智能力上發展順利，便可往下一個年齡層繼續發展下去，但若發展年齡已屆，而心智能力尚未達到應有的水準，即為發展障礙，對日後的生命和發展將會形成困難。我們或許可以根據羅伯特・赫威斯特為青春期（十三至十八歲）定義的發展任務來了解青春期所需度過的內外在挑戰：

1. **建立成熟的人際關係**：青少年要學會與同齡的同性、異性建立新的、更成熟的關係，對於他們的社交技巧和感情發展非常重要。

2. **確定性別角色**：青少年要形成且接受適當的男性或女性社會角色，其中涉及自身對於性別認同的理解和性別角色行為的學習。

3. **接受自己的身體形貌並善待之**：青少年需要適應自己身體在此時期的快速、大量變化，接受自己的體型，並且學會有效使用身體，以應對生理上的變化和社會上的期待。

4. **情感獨立**：青少年要能夠從父母及其他成人的情感依賴中逐漸獨立，踏出成為獨立個體的第一步。

5. **為婚姻和家庭生活做準備**：青少年要開始思考和準備未來的婚姻與家庭生活，包括理解和學習家庭角色、責任及技能。

6. **準備經濟財務、職業**：青少年要為未來的職業生涯做準備，包括教育、培訓和職業選擇，有助於他們的獨立發展和未來在職場上取得成功。

7. **形成價值觀和道德系統**：青少年要建立自己的價值觀和倫理道德系統，形成自己的意識形態，這會成為他們日後行為的指導原則，有助於在社會中做出正確的決定。

8. **社會責任行為**：青少年要學習且實現社會責任行為，包括對社會的責任感和貢獻，逐步成為有責任感的公民。

羅伯特．赫威斯特強調青春期是一個關鍵的轉折點，其中的發展任務甚至會對個體的成長和未來生活有深遠的影響。同時，學會應對青春期所面對的挑戰和目標也非一蹴可幾，需要青少年在心理和社會方面不斷適應，同時也需要周遭環境相互作用，協助青少年個體能夠逐漸適應且發展成功。

心理學家艾瑞克・艾瑞克森（Erik Erikson）將青春期的焦點放在對於自我概念的統合上，他認為青春期的個體有幾個重要任務，包括：

1. **探索自我**：青少年會探索和嘗試不同的角色、活動和興趣，以了解自己喜歡／不喜歡和擅長／不擅長的事物。
2. **建立價值觀和信仰**：青少年會開始反思和確立自己的價值觀與信仰，可能會開始質疑父母和社會灌輸給他們的價值觀，並逐漸形成自己的觀點，而這些價值觀和信仰將會指引他們的行為、決策。
3. **確立職業目標**：青少年會開始考慮自己未來的職業選擇，並著手進行相應的準備，在此之前，他們需要先了解自己的興趣和能力，以選擇適合自己的職業道路。
4. **建立親密關係**：青少年會開始尋找和建立更深層的友誼與戀愛關係，這些關係和過程將有助於他們了解自己在親密關係中的需求和期待。

在兒童時期，我們先經由外界的回應形成對自己的認識，以及對世界的假設、價值觀和道德標準，像是從父母、師長身上知道自己是什麼樣的孩子，以及自己被期待成為什麼樣的人。到了青春期，青少年面臨到更加複雜的環境和社會要求，和家人之外的人相處的時間變長，逐漸將精力與時間高度投注在同儕上，因而從他人得到的回應又更加多元、複雜。這些對於自我的概念會開始碰撞、動搖，我到底是誰？我是什麼樣的人？我喜歡這個嗎？還是因為誰的影響我才開始喜歡？種種關於「我」的問題不斷在青少年心中震盪。

艾瑞克森認為，若青少年能夠有足夠的探索，並成功確立自己的個人身分、價值觀、信仰和目標，將會形成一個穩定且積極的自我認同，為成年生活奠定基礎。但相反地，若青少年未能有足夠的自我探索，在青春期中難以理解自己的想法、個人價值和社會角色，那麼將陷入角色混亂的狀態，對於自己和未來都有困惑且不確定的感覺，可能導致自尊心低落、缺乏自信、迷惘和焦慮，甚至在成年後面臨更多的心理問題，如自我懷疑、反社會行為、過度依賴他人或心理疾患。

## (四) 青春期的整體挑戰

綜合以上，青春期是從兒童轉變為成人的過渡階段，所面臨的挑戰和需要探索、深化的價值觀也相對兒童期複雜許多，不僅是外在的變化，也是內在世界的過渡時期。對青少年來說，要接受自己的身體產生巨大改變，要從家庭中逐漸離開、融入社會與世界中，都會感覺原有的秩序被打亂。他們在不斷探索與形成對自我的認同時，每天都在感覺自己的想法快速變化，自然會處於很混亂的狀態中，隨之而來的是心裡的不穩定與焦慮感。當內在的狀態是混亂、不穩定時，外在的行為也容易呈現出混亂、捉摸不定、難以預測等特質。如此內外相互影響下，不難想像青少年自己和身邊的大人都時常處於要抓狂的狀態了。

請想像我們已經很熟悉每天都在進行的事物，規律的起床時間、上班路徑、打卡之後開始一天已經安排好的工作，時間到了可以下班，回家之後享受休閒時光。成年人的生活有既定的軌道，每天做的事情差不多且可以被預期，而在這樣的穩定中鍛鍊出熟練度，熟能生巧，自然就不會因為每一件事情而擔心焦慮。但青少年感覺每一天都充滿變化，即便是相同的事情，也會因為內外在的不穩定而少了熟悉與安全感，因此對每件事情都感受到壓力與挑戰，時常在「我可以」與「我不行」的感覺間擺盪，即使渴望自己能獨立處理問題，但也常會有「必須」自己獨立解決問題的孤獨感，內在的能力和經驗跟不上外在的挑戰，故而常會感到巨大的挫折和壓力。在成人眼中，這群青少年的嘗試看似像個大人，但實際上能力仍相對不成熟，有時心理的成長跟不上生理，就會出現外表與內在成熟度無法搭配的錯覺，使他們誤以為孩子已經長大、足以應付全部的生活困境。

青春期將面臨的挑戰之多，時常讓正處於青春期的個體以及他身邊的大人們感到無比困擾。對於大人來說，青少年變化多端的情緒狀態、對規則和要求的反抗、不斷要求自主但又無法完全負責，恐怕是所有的父母都要面對的難題，而每天都在上演的家庭紛爭、親子衝突，也是臨床上常見的求助原因。當被要求形容青少年時，大人經常會出現的評語像是「難搞」、「中二」、「矛盾」、「需要很多引導」、「衝動多變」、「捉摸不定」、「煩」。面對這一群極不穩定的孩子，父母往往需要繃緊神經，不斷調整自己以便和這群變化中的小大人相處，不能太威嚴，也不能全然放任。雖然青少年已經慢慢準備離開家庭，處於離家的準備期，但生活中仍有許多時間是與家人共處，而怎麼離開家庭、發展獨立性，又不至於讓父母太過受傷，恐怕是每個青少年都會應對到的難題。雖然想離開，但仍嚮往和父母間的親密關係和需要家庭的支持、大人的引導，青少年要能夠順利離家獨立，必然需要家庭的滋養與放手。

## (五) 災難對青少年發展的衝擊

青春期本身已經足夠混亂，若此時突發重大事件或災難，可能會影響青少年的發展，例如災難造成的家庭成員死亡、損傷，致使青少年過早擔任起大人的工作和責任，加速心理成長，與家人間的關係改變，在尚未有足夠的探索和緩衝時間下就成為大人的角色。但也有可能因缺少安全感而引發退化現象，如對重要人物的依賴性增強、情緒波動更大，或出現幼稚的退化行為（行為像個小孩子一般，需要大人陪伴睡覺或自我照顧能力下降），需透過簡單、熟悉且可預測的行為模式來尋求安慰。在災難或壓力之下，青少年的學習與認知表現也容易受到影響，如注意力不集中、記憶力下降，若心思都放在與災難相關的事物上，可能會引發對學習失去動力、感覺無意義而導致學業成績下滑。

災難或壓力也可能對青少年的情緒和心理健康造成重大影響，如憂鬱、低落，對以往喜歡參與的活動失去興趣；出現創傷適應障礙，如重複回想創傷事件、做惡夢和過度警覺；因對自身狀態、現況和未來感受到強烈的焦慮而引發悲傷、憤怒、內疚和無助感。這些情緒波動會影響日常生活與學習，此時青少年可能會透過冒險或破壞性行為來應對內在的痛苦，試圖逃避現實，如尋求酒精、毒品等協助、參與違法活動或出現自傷／自殺的計畫或行為。

經歷災難和創傷的青少年也可能在社交行為上出現變化，如變得退縮、不喜歡與人相處；整天將自己關在房間內不出門，逃避參加社交活動或上學；與過去的朋友疏遠，對於先前所掌握的如合作、解決衝突能力的社會技能也可能隨之退化。這或許是來自於內在對自我的掌握度下降，或是自覺無法因應挫折所致。當自己都還沒整理好應對災難的經驗和感受，面對他人的詢問與關心時，青少年可能會更加煩躁暴怒，並認為他人的協助毫無用處，負向循環下，致使退縮行為日漸增加。

對於正處在探索和整合自我概念的青春期階段，經歷災難與創傷或許提供了青少年重新認識自己的機會，但也可能重創原先已建立起的價值觀和自我感。面對災難和創傷時的手足無措，容易使青少年對自己的能力和價值產生懷疑，而挫折和挑戰則可能削弱自尊，使青少年感到自卑和無力。

## ㈥ 青春期的韌性

雖然災難帶來負面的影響和挑戰，但同時也可能促進青少年的心理韌性和適應力，使青少年的內在更加堅韌。青春期雖然在內外在都處於動盪不安的時期，但也有其優勢來協助青少年跨越困難，如對於朋友的需求和依賴會促使青少年尋求更多的社會支持，而父母親給予的規範和行為榜樣，會讓青少年在遇到困難時，向可信賴的大人尋求協助。若家庭／親子關係良好，與父母較親近的青少年會有較高的自尊、喜愛自己、展現外向和與他人親近。自尊也與青少年的友誼品質、友誼穩定性相關，在家庭中適應良好的青少年在群體中也更能拒絕同儕，較沒有順應同儕的需求，由此顯示家庭關係與促進青少年心理韌性的重要性。青春期前和正值青春期時，若對自我有足夠的了解，知道自己擅長／不擅長什麼、想要／不想要什麼，能幫助青少年不至於被過多的外在框架影響，較能維持內在的穩定。青少年的情緒起伏也容易展現在活力充沛上，使他們對於目標事物充滿熱情、勇於嘗試，而青春期容易質疑現況的常態，則讓他們打破框架思考問題，心智相對靈活，也能較有彈性地想出新穎的方法解決問題。經驗災難後，青少年若能發展出更有效的應對策略，如尋求支援、解決問題和情緒調節技巧，將使他們在面對未來困難時更加堅強和有應對能力。

筆者工作的場域為臺北榮民總醫院精神醫學部，有一個專門協助情緒障礙、拒學個案的向日葵兒童青少年日間病房，收治難以持續留在學校系統學習的國高中生。他們因為各種原因無法入校，例如本身的精神疾病導致適應學校環境不良（如自閉症、過動症或思覺失調）、長期的情緒調節或人際關係上的困難。每個個案都有不同的人生經驗，有些是長久以來的生活壓力，如年幼時父母就離開身邊，由親戚撫養長大，家庭失和或手足競爭嚴重等；有些是個性特質，如過度敏感、自我要求過高、難以服從規則與權威者、堅持想法不願改變或妥協；有些則是人際關係上的衝突與困境，如同儕間無法和睦相處或無法與人建立親密關係，種種原因導致他們最終難以踏入校園。而即使在生命的早期就遭遇到這些困境和挫折，他們依舊沒有放棄長大，雖然掙扎著，但仍努力尋找可以安放自己的地方。或許是內在的韌性讓他們得以持續成長，有能力尋求並接受協助，在機構中逐漸穩定下來，多數個案甚至可以順利畢業，升上大學或進入職場，雖然內在仍有許多不安、焦慮、擔憂和過去的傷痛，但同時也有一份力量支撐他們持續前行。

## 二、培養青少年韌性，穩定支持的指南

心理韌性是一種隨時間發展和變化的能力，受到個體生命歷程中各種經驗的影響，而童年和青少年時期的正向經驗，如穩定的家庭環境、積極的教育體驗和社會支持，對於發展心理韌性至關重要。挫折與挑戰無所不在，青少年階段也是最動盪不安的發展時

期，若能從自我認識、情緒和人際方面著手，協助青少年建立心理韌性的不同面向，建立較高的自尊、自我認同與穩定的情緒，便可協助預防心理健康問題，並且在面對日後的危機或災難時，能夠有足夠的心理強度和彈性來應對。

### ㈠與青少年建立關係

協助青少年之前，要先能夠與他們建立關係，讓他們願意互動、分享經驗想法，甚至說出內在的擔憂與困擾。但比起心思單純的兒童或主動求助的大人，與青少年建立合作關係一直被認為有極高的難度，且時常會有被拒於門外的感覺。然而面對青少年時，仍有一些可以放在心中的觀點，協助建立更良好的關係、溝通和互動。

### ㈡建立對青春期狀態的先備知識

首先需要具備對青春期狀態的先備知識，理解青少年如此不穩定，很多時候也是他們無法控制和覺察的，多一分理解，就能讓我們以較包容的心態去面對青春期狀態的不耐煩和搖擺不定。例如，面對青少年變化多端、經常想要試探權威者底線的想法，若能知道他們正處於大腦發展的年紀，這種缺乏思考的性質可能是來自於大腦相關腦區發展仍未成熟，或許多少可以平息一些怒火，增加一些耐心，雖然仍需要制定規範和守住原則，但至少可以理解他們挑戰行為背後的部份原因。

### (三) 對自身的情緒狀態先有覺察

面對青少年前，若先能覺察並調整自身的心態，也會對互動的品質有所幫助。當自己的身心狀態不好時，很容易因為對方的反應而被激怒，進而引發衝突，若能有更高的敏感度覺察自身與青少年的情緒狀態，當發現被激怒時先調整自己，會比破口大罵、要求青少年調整他們的態度來得容易許多，也能更順利的建立關係。而當青少年看見大人示範如何覺察和調節自己的情緒時，或許也會對自身情緒的展現和紓解有不同的經驗，若能再加上大人對青少年情緒和想法的同理，也能夠幫助青少年的情緒經驗得以舒緩，進而促進理解自己及他人的行為和情感的能力。

### (四) 聆聽多於建議

與青少年相處時也需要更多的傾聽與溝通，關注青少年說的話，即使不一定認同，也先展現出有興趣、關心的態度，這麼做可以減少青少年對權威（年長者）的抵抗心態，不急著評判或給予建議也能讓他們感覺自己被尊重和信任。但這麼做之前，需先接受對方已經不是說什麼都會聽的小孩，而是有更加獨立心智的個體。試著用更彈性的心態去看待青少年的狀況，如天馬行空的想法可以視為有趣、多變化的，而思考自己當年處於青春期的感受跟經驗，也會對理解他們的想法有幫助，如總是想嘗試新事物、無論大人說什麼都會有自己的想法意見、與朋友在一起時不知道為什麼會做出奇怪且瘋狂的舉動等，只要不違法或違反善良風俗，都可以被退一步思考這些行為是否能被接受。你將發現，青少年除了難搞詭異之外，其實也充滿活力與好奇。

### (五) 協助青少年發展心智化能力

「心智化」是指理解和解釋自己與他人的行為、情緒的能力❶。在青春期時，個體對情緒的辨識與管理能力逐漸增加，雖然情緒會波動，但已能從過往的經驗中辨識和理解自身的情緒。對於自我的感受和行為反思，則可透過自我概念的整合不斷加強，同時理解他人觀點的能力也在發展中。青少年雖然會展現出自我中心的樣貌，非常在意自我形象和他人的想法，但透過與他人討論經歷、角色扮演和參與志工活動，往往能提高青少年理解他人想法、意圖的能力，也有助於同理和提升社交技能。此外，理解社會關係、規範和期許，可幫助他們建立和維護友誼。而大人的積極聆聽、理解並反應青少年的感受則可協助他們增加對自身與他人情緒的共感能力；示範情緒表達、管理和有效的溝通模式和技巧有助於青少年以正向的方式與他人互動；鼓勵反思與為自己做的決定負責，則能協助青少年增進對自身的認識，也能理解事物因果和增加問題解決能力。

## (六) 提供穩定的家庭支持或環境

青春期的個體雖然想要追求自主，希望能與父母分開，增加與同儕互動的時間和深度，但此時期父母仍對個體有高度影響力，青少年會期待父母與他們有連結，可以提供探索家庭以外世界的安全感。內在的安全感往往是由父母的關心與協助、傾聽與同理心、愛與正向情感、接納與評價而來，青少年也希望父母提供他們心理上的自主，例如可以有自己的意見、隱私與決定權，能夠被父母信任，可達到行為自主與情感自主，但同時仍希望父母給予規範，例如行為可做為榜樣、監督青少年的行為或教導自我控制。雖然很難想像在青少年「叛逆」的外表下，仍有期待與父母連結和被要求遵守規則的

❶ Allen, Fonagy, & Bateman, 2008; Bateman & Fonagy,2006

心，但有許多研究調查告訴我們，青少年仍然仰賴父母的信任與陪伴，在他們感到困惑或遇到困難時，提供情感上的支持、實際的建議或具體的協助，加上安全且支持的家庭環境，都能協助青少年建立自信與安全感。

## (七) 提供適當的社會支持

適當的社會支持也被證實會影響青少年的生活適應，如足夠且適當的家庭支持有助於減緩青少年的負面情緒，而適當的教師支持可減輕青少年沮喪的情緒。但過多或過少的社會支持都會損害青少年的心理健康，如過度掌握、給予空間或忽略孩子的這兩種父母都會阻礙青少年的心智發展。此時若社會支持符合青少年需求與期待，且在提供者的能力所及範圍，那麼青少年便能在這樣的互動狀態中感覺較平衡。也就是說，被支持的質與量跟青少年所想要的一致，且感覺對方不至於付出得太過負擔時，社會支持對於青少年的幫助才是最大的。但如何能有這樣清楚的感知，可能需要經由人際互動的經驗、對自身的理解和認識，或仰賴大人的引導與來回討論、反思，才能逐漸找到自己對人際互動的需求和期待為何。現今網路世界發達，青少年的人際關係常過於緊密，上學、課後都在使用網路，與同學、朋友很難在關係上真正隔出自己的空間，對網路世界形成生理與心理上的依賴，或因不實的訊息或虛擬的人際互動模式而損害身心發展。我們如何引導青少年在網路世界中劃出界線、不致迷失自己，是值得持續關注的議題。

### (八) 協助青少年整合自我

協助青少年自我概念的整合也是能幫助他們建立心理韌性的一環，讓他們能將自己在不同情境和角色中的體驗統一，形成較一致的自我認知，建立較穩定的自我身分和自我價值感。讓青少年有機會參與不同的活動，如學習、體育、才藝、志願服務等，在不同的活動參與中認識自己不同的面向和能力，發展多元興趣。透過回應、反思和討論，也可以讓青少年更了解自己在不同情境和角色中的表現與體驗，如以具體、明確且詳細的方式回應青少年的努力和成就，可以幫助他們增加自我價值感，而思考自己是否喜歡該活動、在活動中擔任什麼樣的角色、如何評價自己的表現，則可協助青少年整理自己的感受和定位自己在團體中的位置。

## ㈨ 重視全方位的健康，持續培養在困境中的韌性

在青春期時若經驗災難或創傷，雖然有阻礙身心發展的風險，但若能提前協助兒童或青少年做好情緒管理、增進自我覺察與人際互動技巧，在每一次的挫折中協助增進覺察、反思與問題解決能力，並由內外在的經驗提供足夠的陪伴和安全感，這些滋養都能協助青少年在面對災難與創傷時，有較多的內外在資源能夠應對，從困境中持續增進韌性和適應力，為未來的生活做準備。

然而現今的社會風氣重視學業成就表現，在這樣的氛圍下，家長經常容易忽略青少年時期的其他面向也同樣重要，且是人格養成的關鍵時期。若一味只重視成績表現，而忽略青少年的情緒、人格、社交能力，對其日後在適應社會上將有很大的阻礙。因此在協助青少年建立心理韌性的同時，家長工作也同樣重要，要讓家長能理解並認同培養韌性、促進心理健康的重要性，才能從家庭中開始，由內而外的協助青少年成長、度過困難。

# 第三章 成人心理韌性建立方式

## 一、成年期的挑戰

從青春期、青春後期至成人早期，此時的青少年慢慢走向獨立，且重心從學校逐漸轉移到職場，脫離原生家庭的同時，也開始從最初建構自己的生活形式、價值走向實踐。此時的成年人會思考自己想過什麼樣的生活、想擁有什麼樣的東西，像是思考要不要買車、買房，隨之而來的是是否要成家或生兒育女。離開原生家庭代表更加獨立自主，也能擁有更多自由度，但相對的有更多事情需要自己面對和負責，生活中也有更多的挑戰和挫折，從如何選擇工作、職場上人際的應對進退和壓力調適、對自己生活的安排和取捨，親密關係上遇到的困難，甚至也開始面對父母老去、健康出現問題的危機。

### (一) 成年早期與中期的發展任務

從羅伯特・赫威斯特的發展任務理論中，成年早期（約十九至三十歲）的任務包含建立職業、承擔公民責任、找到合適的社交群體、選擇配偶、學會與配偶生活、管理家庭和養育孩子。此時的個體經驗角色轉變和責任增加，要從依賴家庭的青少年過度成獨立的成年人，並且承擔更多的社會和家庭責任，依循青少年期間對自我的整合，找到自我實現和社會期待之間的平衡點，並且建立穩定的生活基礎，為中年和晚年生活奠基。

而在成年中期（約三十至六十歲）則強調在多個角色、多重壓力間取得身分平衡，並進一步反思個人成就和生活目標，如重新評估自己的生活方向和價值觀。此時的個體發展任務為獲得和保持成年人的社會責任、建立和維持經濟水準、發展成人的休閒嗜好、與配偶建立更深的關係、協助青少年子女成為負責任且快樂的人、接受和適應中年的生理變化及照顧年邁的父母。由此可見，隨心智發展愈加成熟、年齡漸增，個體所需承擔的責任和角色複雜度也愈高，在在挑戰個體的心理韌性和內外在擁有的資源。

## (二) 成年期的危機

艾瑞克森認為，成年早期（約十八至四十歲）會面對的心理社會危機為親密與孤獨，若個體能在此時期建立親密關係和深厚的友誼，便可感受到愛和歸屬感，反之則會感覺孤獨與隔離。而成年中期（約四十至六十五歲）的危機為繁衍與停滯，此時是培育下一代的年齡，若個體能感受到自己對家庭和社會有所貢獻，便會感到滿足，但若感覺自己無所作為或未能對他人產生正面影響，就可能感受空虛與停滯。

中年危機也容易在個體不同身分的轉換、反思自身價值和成就時出現，也許是在回顧自身的過往經驗、成就或錯誤時感到遺憾，伴隨對未來的不確定和焦慮感，對於自身的健康、經濟、職業發展、家庭關係和對衰老、死亡的恐懼開始浮現。此時個體會質疑自己在不同場域中的角色身分和意義（我是一個好父親嗎？我的工作有什麼意義？）或出現生活方式、行為上的重大改變，如參與冒險活動、建立新的嗜好或社交關係。這或許是希望尋求更多認同感，填補內在空虛的感受，逃避內在的困惑或不滿，或試圖重拾年輕時新鮮、充滿希望的感覺。

雖然經驗增加，我們對自身的認識會逐漸累積，也較能面對挑戰和困難，但若隨年紀漸增，內在仍是充滿困惑，對自身的能力和內外在資源無法掌握和感到缺乏，那麼在遇到困境、壓力甚至重大災難時，就有可能驚慌失措，被負面情緒淹沒，難以面對或一蹶不振。因此培養強韌的心智是一輩子的事情，不僅能協助我們應對日常生活中的挫折與困難，也能讓我們在重大事件發生時冷靜應對，做出清晰的判斷和有效的措施，尋找適合的資源或與他人合作，並且能投入家園和心理上的恢復及重建工作中。

## 二、如何增加心理韌性與彈性

雖然與心理韌性相關的個人特質仍無定論，目前的研究調查結果也很難預測什麼樣的人在災難、創傷後一定會或不會發展出創傷後壓力症（Post-traumatic stress disorder, PTSD），但與心理韌性相關的指標告訴我們，想在日常生活中培養強而有力的心智，仍然要從對自身的認識開始，當人們對自己有足夠的理解，包含個人特質、情緒狀態、對人際關係的掌握度和技巧等，便能協助我們在應對壓力或災難時，可以更快調適或復原，若心理健康狀況良好，也能更快地從創傷中復原。以下區分可以試著增加認識或能力的不同面向：

## (一)了解自我

理解自己的特質、能力和限制，增進自我效能感，可以從五大人格面向認識自己的人格特質，包括開放性、盡責性、外向性、親和性和神經質[1]。開放性高的人在面對災難時，較能靈活應對新的情況，在資源有限下能以較創造性的方式解決問題，並樂於接受和學習新的應急知識、技能。盡責性高的人在面對災難時會有較高的組織和計畫能力，在災難前做好準備、在災難時保持堅持並注意細節，減少失誤。外向性高的人則善於與他人交流合作，在災難中擔任領導者的角色，負責指揮和協調救援行動，並提供他人情緒支持。親和性高的人會願意與他人交流和分享訊息，在團體中擔任協調者角色，同理他人的同時，也會試著解決人際衝突。低神經質的人有較好的抗壓性與情緒穩定性，會在災難中保持冷靜並做出合理的決策，通常能較快從創傷中恢復。以上每一種人格特質都能在面對災難時提供獨特的優勢和資源，了解自己的個性特質，能幫助個人在面對創傷時發揮自身優勢，而理解團隊成員的特質後，也能增進團體分工合作，在面對災難時共同提升群體的應對和恢復能力。

❶ Digman, 1990; Goldberg, 1990; McCrae & Costa, 1987; Nolar, Law & Comery, 1987

### ㈡ 增進日常生活中的掌握感

在日常生活中增加掌握度，可以從小的目標開始逐步實現，培養自身的問題解決能力。面對一個問題時，試著腦力激盪出不同的解決方法，學習制定計畫和目標，做出選擇後面對結果，從每一次的小成功中獲得自信，便可打從心裡相信自己能面對與適應挑戰，為了度過難關會做任何需要做的事，並能正確評估自身的能力和限制，試著接受與自身的不足共處。此外，亦可尋找自身有興趣或感覺有意義的活動，設立短中長期目標，在追求個人興趣之外，也能從達成目標中增進對自身的掌握程度。

### ㈢ 接納、理解並疏通情緒

理解並接受自身的情緒狀態，讓情緒自然流動，找到能夠抒發並調適自身情緒的方法，如聽音樂、看書、找人聊天、看電影、逛街購物，或學習並練習放鬆技術，如深呼吸、冥想和瑜伽。在平時就練習調節自身的情緒，可以幫助我們在應對緊急狀況時保持冷靜。此外，也可以試著從不同角度看待同一件事，會幫助我們以更開放且彈性的心態面對困境。

## ㈣ 建立有品質的人際關係

建立正向且有助益的人際關係，理解自己對人際的需求和形式，可透過人際同心圓來檢視自身的人際關係形式，管理和維護目前擁有的人際關係。人際同心圓分為核心圈（最親近的人，有高度信任、可提供最強的情感支持和實際協助者）、親近圈（親密朋友、同事或親戚，情感聯繫略少於核心圈，但仍可提供重要的情感支持和實際協助）、熟悉圈（普通朋友、同事、鄰居，有適度的互動，但情感聯繫較一般，也提供有限的情感支持和實際協助）、外圍圈（泛泛之交、偶爾聯繫的人，有較少的互動和信任，情感聯繫薄弱，也少提供情感支持和實際協助）以及邊緣圈（僅有過幾次接觸的人，幾乎沒有互動，情感聯繫弱，提供極少或幾乎沒有的情感支持和實際協助）。畫出幾個同心圓代表不同的關係層次，在不同的圓內寫上自己社交圈中相對應的人名，根據與對方的親密程度和互動頻率來決定對方的位置，評估每個層次上關係的狀態和想要改善的地方後，再制定具體的計畫來加強重要關係、修復薄弱關係和管理不同人際場域的時間精力。

可利用周哈里窗的概念理解自己的不同人際關係面向，試著提升公開我，藉由自我揭露，如講述自身經驗，使他人能夠完整、立體的認識自己。經驗被理解後就能增加同理和連結，以及建立相互信任的關係，或請他人回應、指出自己過去未見的盲點。嘗試更主動的建立關係，如主動聯繫家人、朋友和同事，保持良好的溝通和互動；參加社區活動、擴展社會網絡，並在提供幫助的同時接受幫助，建立互助互惠的支持網絡；利用網路社群和線上平台尋求支持和資源，在需要時也可以尋求專業的心理治療、心理諮商或其他社會服務。

### (五) 思考並建立核心信念

過去的研究發現，當應對災難或創傷時，若個體具有三個核心信念：保持樂觀、相信自己能應付、不畏挑戰，那麼這三個核心信念便會互相關聯且交互作用，彼此影響、互相支持，使個體較能度過難關。其中的關鍵也包含個體保持彈性的心態，能夠活在當下、投入此時此刻的經驗並保持開放與彈性，相信自己能夠做到並克服困境。我們可以隨時對於現況保持敏感與警覺，評估眼前正在發生的事情並思考可以做些什麼，讓自己擁有足夠多的資源並能自由運用，就像一個工具箱裡有不同的工具來應對相異的情境般，遇到不同的狀況可以自由使用身邊的資源，並保有彈性能隨時改變，就更能協助我們度過難關。

最後，也記得要以仁慈、接納的心態對待自己，擁有安慰自己的力量，並且能適時放下讓人痛苦的想法，時常確定自己的人生目標，如知道自己生命的價值、知道自己想要什麼、想成為什麼樣的人，為人生的冒險找到方向，指引自己現在和未來行動的目標做連結，就越能體驗到滿足感。要做到上述的積極心態看似困難，但從日常生活逐漸累積，就能更認識自己，也能在艱難的時刻站穩腳步、穩步前行。

# 第二篇

# 災難當下：心理急救與處置

趙義揚臨床心理師

原本恆定的生活在劇烈的衝擊下，多數人的狀態都會受到或大或小的影響，每個人的反應也不盡相同，但絕大多數人會因生命的韌性而逐步恢復平衡，僅有少數人會需要更近一步且持續的醫療協助。因此本篇所設定的目標群體是剛經歷災難與創傷事件的人們，講述的是相關工作人員在接觸受災民眾之前、受災當下，以及受災數週內的相關觀念、處遇原則與技巧的指引及範例，為的是讓剛經歷災難而內心動盪不安的人，能夠在工作人員的協助下，排除阻礙恢復平衡的不利因子，讓生命的韌性能夠逐步舞動。

# 第四章 如何辨識可能需要協助的人們

## 一、什麼是災難？台灣常見的災難類型有哪些？

### (一)自然災害

在台灣，常見的自然類型災害有地震、颱風與土石流，而鄰近國家曾因地震後的海嘯而遭受嚴重破壞，這也是近幾年台灣防災意識逐漸提升的災難類型。此外，這些自然災害除了本身造成破壞與傷亡外，後續所引發的一系列效應亦可能帶來嚴重影響，舉例來說，大規模地震引發次發的災害，像是海嘯、山崩和火災，對城市基礎設施和居民生命財產構成重大威脅；颱風、水患與海嘯不僅會損壞建築物、基礎設施和農作物，還可能造成水汙染和疾病傳播。

### (二) 人為災害

人為災害類型相對較廣，較難有個精確的次分類，但整體而言，依據台灣過去的紀錄，常見的有火災、工業事故、環境汙染、交通事故，以及公共衛生危機。此外，台灣地處地緣政治中心，戰爭相關的風險意識與準備亦是近幾年國防政策的重要項目。近年來，台灣經歷社會矚目的重大人為災害有二〇一五年屬於火災的八仙塵暴、二〇一九年屬於公共衛生危機的「嚴重特殊傳染性肺炎」（COVID-19），以及二〇二一年屬於交通事故的 0402 台鐵太魯閣號事故等。

## 二、在動盪之中，人們可能會有哪些反應？

創傷或壓力事件並非以相同的方式影響著每個人，不同的個體因為其生理、心理與社會因素不同，在經歷創傷事件後，都可能有不同的影響，因此所表現出來的心理不適或苦痛的樣貌或許會有很大的差異，有人以焦慮、害怕為主要表現，有些人則出現情緒低落（或憤怒與攻擊行為）、失去興趣與自殺意念，還有些人會表現出極度的驚恐、做惡夢與迴避行為，甚至有解離現象。而若個體在事件中經歷腦部撞擊，亦可能出現認知障礙，如難以專注與記憶障礙。此外，在較少數的案例中，個體也可能會出現古怪的言談，甚至是妄想與幻聽。鑑於個體在經歷創傷事件後的表現具有較大的異質性，並考量不同表現背後的機制與處遇方式不盡相同，因此具備相關創傷反應的辨識與評估觀念便有其重要性。

本章節就經歷災難、創傷事件後人們可能會有的創傷反應進行相關介紹，並在第六章〈災難情境常見心理議題與介入〉說明創傷反應背後可能的成因與機制，以及基於這些機制相應的處遇觀念與方法，以便讀者對於不同反應的辨識，其背後之機制，以及處遇方式有更為全面、脈絡性的認識。

### (一) 焦慮相關反應（害怕、焦慮與擔憂不斷）

當經歷災難事件後，由於事件本身所具有的危險與致命性，皆會啟動個體的壓力反應系統，產生戰鬥或逃跑反應（Fight or Flight response）。在災難事件發生當下，以及之後的一個月內，個體有可能出現持續不斷、強烈或顯著的害怕、焦慮與擔憂情緒，這些情緒是人類基本的壓力反應，因此會廣泛地出現在經歷各式災難事件的人身上。然而這些壓力反應本質上具有其功能性，能夠協助個體更適切地進行調適。值得注意的是，每個人在再平衡的步調上不盡相同，並非出現這些反應便單純地代表異常。因此個體的表現異常與否，需仰賴會談者的辨識與評估，用以決定後續的處遇方式。以下將說明災難事件後常見的各種反應（表三）：

### 1. 害怕（fear）

個體判定當前環境具有立即的危險或威脅，是危險的此時此刻正在發生的反應，進而啟動一系列生理系統的激發（如交感神經系統的高度激發），以及可能因此衍生的戰或逃的行為反應（Fight-or-Flight response）。在特定情況下，個體有時因害怕感受過於強烈而產生麻痺、癱瘓或出現類似動彈不得的樣貌。常見的害怕表現包含心悸、心跳加快、流汗、顫抖、呼吸急促或感到透不過氣、喉嚨有梗塞感、胸部疼痛或不適、噁心或腹部不適、頭暈、步態不穩、頭昏眼花、接近暈厥等，嚴重時甚至會有失現實感（感覺不真實）或失自我感（感覺自己與身體分離），有時個體會覺得好像快要瘋了或死了。在兒童身上可能透過哭鬧、發脾氣、靜止不動或依偎來表達恐懼與焦慮。

## 表三・害怕、焦慮與擔憂的組成比較

| 組成 | 害怕 | 焦慮 | 擔憂 |
|---|---|---|---|
| 想法 | 我面臨立即的危險、危險正在發生 | 我害怕的事情有可能就要出現了 | 我感覺可能有些不好的事情會發生 |
| 情緒與生理 | 心跳急遽加快、呼吸急促、冒冷汗與發抖 | 心跳加快、提高警覺與感到緊張 | 不安、肌肉緊繃 |
| 感受行為 | 避開或逃跑 | 迴避、退縮 | 坐立不安、難以放鬆 |

### 2. 焦慮（anxiety）

來自於個體預期威脅將可能出現在未來的某個時間點，是危險尚未發生但可能快要發生，因而提高警覺，或是讓自己處於隨時可逃跑的狀態。焦慮時，生理系統的激發程度低於害怕感受，較涉及的是肌肉緊繃反應等中等程度的交感神經系統激發。常見的焦慮表現包含緊張與坐立不安、情緒起伏明顯、容易疲倦、難以專注、腦筋一片空白、易怒、肌肉緊繃，以及睡眠困擾（例如難以入睡或難以保持睡眠）。

### 3. 擔憂（worry）

與焦慮相似的是，兩者皆同樣涉及到個體預期未來的某個時間點將可能出現危險，但確切時間與該危險的具體細節更為模糊與發散，是一種個體反覆咀嚼一個問題且無法放下的認知型態。因此，擔憂會帶來低於焦慮的心理生理的激發，主觀上訴說令其焦慮、擔憂的事情。與害怕不同的是，讓個體害怕的事情可能還沒發生但卻接近，以及個體可能發散地同時擔憂多項大大小小的事情。

### 4. 如何判斷害怕、焦慮、擔憂的合宜性？

害怕、焦慮與擔憂的表現是一連續向度，在真實情況中不一定有明確的切分點，會談者可依以下三個變項來評估個體當前反應的適切性：(1) 物理上的遠近。(2) 時間上的遠近。(3) 嚴重性。

#### 範例一

舉例來說，甫經歷大地震的個案出現明顯害怕、焦慮症狀（心悸、心臟怦怦跳或心跳加快、呼吸短促或透不過氣的感覺、梗塞感、胸部疼痛或不適等）。由於個案仍身處於結構部份變形的建築物旁，其物理與時間威脅十分近且嚴重性高，因此判斷個案的情緒為適切，在處置上應該優先降低實際且立即的危險性。

反之，在兩週前曾經歷火車撞擊而出軌的個案，事發至今對於搭乘捷運仍有顯著的焦慮，聽到突然出現的剎車聲會嚇到全身發抖。此時儘管誘發物（剎車聲）在物理與時間上十分接近，但在嚴重性上則屬於程度低的，因此個案的害怕與焦慮情緒就可能是過度、非適應性。

**範例二**

某個案因確診新冠肺炎而入住負壓病房，儘管恢復良好後出院，但出現明顯焦慮與擔憂症狀（開始對周遭人的咳嗽較為警覺，也不時的量體溫或確認喉嚨有無異狀，擔心身體大大小小的狀況，深怕有未被檢查出來、因染疫而造成的其他身體問題），導致難以專注於工作，下班後也難完全放鬆。

雖然個案擔憂的事情（他人的咳嗽、量自己的體溫）在物理與時間性上很近，但這些事情可能造成的危險性不高，因此判斷個案的焦慮與擔憂就為過度、非適應性。

### (二) 創傷相關反應（做惡夢、迴避、負面的情緒與想法，以及驚嚇的反應）

個體在經歷災難事件後，有可能出現急性壓力症（Acute Stress Disorder, ASD），並有較高的風險在之後發展成創傷後壓力症（Posttraumatic Stress Disorder, PTSD）。而急性壓力症與創傷後壓力症以四大症候群為特徵，兩者最主要以症狀持續時間做

## 圖一．急性壓力症（ASD）與創傷後壓力症（PTSD）之症候群

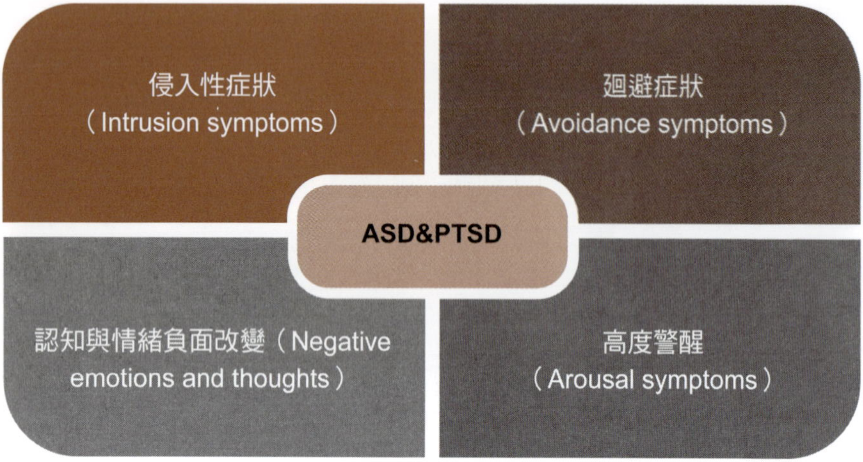


為區別，前者為三天至一個月內，後者則是一個月以上。四大症候群分別是侵入性症狀（intrusion symptoms）、迴避症狀（avoidance symptoms）、認知與情緒負面改變（negative emotions and thoughts），以及高度警醒（arousal symptoms）（見圖一）。

### 1. 侵入性症狀（Intrusion symptoms）

或稱再經歷症狀（reexperiencing symptoms），為個體出現與創傷事件有關的記憶及體感症狀，例如不斷湧現與創傷事件有關的回憶、出現與創傷事件有關的惡夢，或是創傷事件重演。侵入症狀嚴重度可從短暫的視、聽、體感重現部份災難感受，到完全重現創傷場景導致對當下環境喪失警醒度，以為自己仍在災難現場，這種經驗

可被稱為「回憶重現」（flash-backs）。

**範例**

經歷火車於隧道內出軌的個案，可能會在捷運進入地下隧道的瞬間猶如身入其境地重回事發當下，且感官體驗十分鮮明、生動，而讓個案感到十分驚嚇甚至僵住、無法動彈。

## 2. 迴避症狀（Avoidance symptoms）

個體會試圖去迴避與創傷事件有關的線索，例如努力迴避相關的想法、記憶或感覺，或是相關的人物、地方、對話、活動、新聞等，這是急性壓力反應最常見的形式。由於會引起個案劇烈的情緒反應，因此個體會本能且預先性地盡可能迴避任何可能性，或採取過度的安全行為以緩解自身的焦慮。

**範例**

女性的性侵受害者有可能在經歷創傷事件後，對於與加害人有相似特徵的人（例如男性、相似的外貌和衣著、與事發地點類似的場景、相關的身體感覺、談話話題、新聞等），都會採取明顯的迴避行為。

### 3. 認知與情緒負面改變（Negative emotions and thoughts）

個體在創傷事件後出現解離性失憶（無法回憶起事件的重要情節）；對於自己、他人及世界有負面的看法（例如覺得自己活該、這世界上都是壞人、沒有人是善良的）；過度自責或責怪他人（例如將事件發生的原因過度歸咎於自己）；社交退縮與失去興趣（常獨處或拒絕與他人互動、愈來愈少從事過往會感到開心的事情），以及明顯的負面情緒（例如憂鬱情緒與罪惡感）。

### 4. 高度警醒（Arousal symptoms）

個體出現易怒、情緒起伏明顯、衝動或自我傷害行為（像是危險駕駛、過度飲酒與使用非法藥物）；過度警覺（例如在車禍後對於汽車可能造成的威脅會特別敏感，或是對於餘震格外敏感）；過度驚嚇反應（對突然的刺激有明顯的反應，像是被他人的大聲說話或動作驚嚇）；難以專注（例如很難記住日常生活的大小事，或是較難處理需要高度專注的任務），以及睡眠困擾（例如入睡困難、難以維持睡眠或是淺眠）。

## (三)憂鬱相關反應（情緒低落、失眠、食不下咽、無望與絕望）

個體在經歷災難事件或重大失落後，除了急性壓力反應外，有些人可能會出現暫時性的哀慟反應。然而也有個體因為災難事件而出現明顯的憂鬱症狀，個體的症狀表現、嚴重程度以及持續時間，將是會談者需要評估的。常見憂鬱症狀如下：

### 1. 顯著的失去興趣（Markedly diminished interest）

憂鬱症的核心症狀之一，為個體經驗快樂的能力減退，對於許多事情不再感到開心。像是逐漸減少對喜好事物的參與、社交退縮、對於性的興趣下降等。

### 2. 體重與睡眠的明顯變化（Significant change in weight and sleep）

個體胃口不佳、吃很少，而有些人則比平常吃得更多甚至是暴食，以致體重出現可被觀察到的變化。睡眠的部份則是出現睡太多或是失眠，導致有時儘管已經睡很多了但仍覺得精神不濟，又或是難以入睡或太早醒來且難再入睡。

### 3. 顯著的疲倦感（Fatigue）

疲倦是憂鬱症常見的症狀之一，個體可能會表示什麼事情都沒做但卻很累，又或是以往能夠做到的不算太困難的事情，如今都變得需花費很大的心力才能完成，再到做事情的效率或品質明顯下降，因而導致工作與生活受到明顯影響。

### 4. 無價值感或罪惡感（Feeling of worthlessness or inappropriate guilt）

個體有明顯針對自己的負面想法，像是反芻自己對於災難事件的責任、對自我價值不切實際且過份的負面批評、廣泛的類推個人其他生活面向的無能或無價值。

### 5. 易怒（irritable mood）

容易發脾氣，常見於男性。

### 6. 自殺意念（Suicidal ideation）

由自殺意念再到自殺未遂（自殺企圖）是一個連續的向度，從最隱微的個體期待一覺不醒、在睡夢中離開這個世界，到不時的出現希望有事故能夠解脫自己的痛苦（例如想到若是出車禍住院會不會比當前的狀況還要輕鬆很多）的想法，再到逐漸相信自己的離開會對周遭的人更好，接著則是更為具體的、腦中逐步積累的自殺計畫。自殺計畫包含已事先安排好後事，例如透過遺書交代後事、安排財務規劃；準備好相關的自殺道具

（如木炭或繩子）。在自殺個案中，常見的原因包括認為目前遇到的困難不可能被解決、想要停止目前所知覺到的永無止境與難以忍受的痛苦狀態、不認為生活中可能有任何樂趣出現，或是不希望成為他人的負擔。甚至到極度的罪惡感以致認為需要以死謝罪。

## (四) 其他較為少見但需注意的反應

在少數的案例中，通常個體已有過去的相關精神科病史（例如思覺失調症），在經歷重大創傷事件或災難後，有可能出現精神症狀（妄想、幻覺）。

### 1. 妄想（Delusion）

妄想指的是有明確相互矛盾的證據，卻仍堅信與事實相違背的事。妄想在內容上可包括多種主題，最常見的是被害妄想。妄想與強烈的信念有時並未有一個明確的區分標準，多數時候是取決於個體當有明顯相互矛盾的證據呈現時，仍對該信念深信的程度。

### 2. 幻覺（Hallucinations）

幻覺定義為儘管沒有外部物理刺激，個體仍有知覺般的經驗。這些類知覺經驗相當生動且清晰，對於正常的認知具有明顯的影響，且並非個體所能控制。在幻覺經驗中，聽幻覺（auditory hallucinations）是最常見的形式。

**範例**

才剛經歷大地震的個案，可能開始出現多數人不太相信、理解的言談（例如認為大地震是他國政府所計畫，透過在地底引爆炸彈而製造地震，目的是要破壞台灣的基礎建設、電力與網路設施），而個案對此深信不疑，難以接受其他人的解釋。又或是因土石流而經歷家人罹難的個案，開始出現幻聽，聽到或大或小的對話聲，其中有些聲音是有人在議論個案，有些則是直接針對個案而來：「他（指個案）怎麼自己逃出來了，好自私。」「你（指個案）應該要跟家人一起被埋起來的。」「你怎麼不去自殺，還在這裡幹麼？」由於聲音清楚到讓個案難以分辨其真實性，因而明顯影響其思考與情緒。

### 3. 腦震盪後症候群（post-concussion syndrome）

在特定的創傷事件中，個體可能會遭遇頭部撞擊，而在有些具有輕度頭部外傷（mild traumatic brain injury）的個案中，有些人會出現腦震盪後症候群，多數人在三個月內會逐漸緩解，但有些人則持續感受到不適的症狀，包含頭痛、頭暈、對光或聲音敏感、易怒與焦慮、注意力不集中等。

# 第五章 協助身處災難情境個案之心理晤談技巧

## 一、與個案建立關係的原則與技巧

### (一)在接觸個案前，會談者需具備的觀念

災難與創傷事件會以不尋常的方式對人造成衝擊，致使原有秩序、平衡的紊亂甚至是崩解，絕大多數人於短時間內皆可能出現前面所提的種式反應。然而數項研究指出，經歷災難的受災者，僅有少數可能會在後續發展出創傷後壓力症，而這些人多數於先前便曾有過精神科病史，其餘的絕大多數人在數週到數月之間會逐漸恢復。因此在與受災者接觸時，會談者可將受災者的反應視為是階段性、暫時性的反應，並非一定是病理性的。在此，會談者的工作是尊重個體既有的調適模式，意即尊重每個人因為壓力而產生

的不同情緒、反應以及因應方式。個體所需要的是暫時性的支持，讓他們能度過壓力期，以關懷、支持、尊重的態度面對他們，他們自然會進入自我調節狀態，並逐漸恢復。就好像當溫度、濕度以及光線到位時，種子自然就會發芽，生命自然就會生長。

## (二) 如何溫柔地與個案接觸、建立關係？

### 1. 尊重個案擁有的權利

會談者可採親身至災難現場、鄰近的安置場所，或是以電話方式接觸受災者。不論以何種方式，需要謹記在心的是，當不涉及到自傷、傷人時，個案有保留與選擇要如何表現情緒的權利，他可以選擇要如何反應，並且能夠決定要不要與何時接受協助，會談者不應該強迫個案接受尚未準備好的協助、分享他們不願意談論的事情。然而縱使被個案拒絕，也可視為是個案還沒準備好，會談者除了留下聯絡資訊外，亦可試著預約再訪時間，並簡單詢問「不知道明天的這個時間方不方便，到時若不方便也沒關係，我們再約時間即可。」簡而言之，以不打擾的方式關注個案，試著提供帶有善意的關心但不造成負擔，並有耐心地等待個案。

## 2. 提供實際的幫助

在災難現場，往往是生理的需求優先於心理的需求，唯有生理的需求被滿足，心理需求的討論才更有意義。因此，如果會談者能提供實際的協助，例如食物、水、毛毯等物資的取用地點與時間，以及像是安置站、交通資訊及重要訊息的發佈地點與時間，都能夠讓個案獲得立即的協助且建立關係。會談者可以試著這樣說：「你好，我是○○○，是這邊的工作人員（職稱），目前在那邊（指向物資提供處）有提供一些物資，包括礦泉水、熱食與熱飲，有沒有什麼是我可以幫你們拿的？」「你好，我是○○○，是這邊的工作人員，目前在指揮本部的佈告欄，於每天早上與晚上六點都會發佈關於搜救結果的最近訊息，你們可以定時前往了解。」與此同時，會談者可順勢將對話方向帶往關心個案的狀況、展開近一步對話。縱使個案拒絕進一步的會談，也可在上述的互動中，透過觀察獲得初步的訊息與推論，以此訂定後續的應對策略。

## 3. 塑造可以安「心」的環境

災難現場可能凌亂，而各種人員的進出也會顯得吵雜且較沒有隱私，有時更有媒體在現場進行採訪。因此會談者可適度的於現場尋找相對具有隱私的空間，縱使僅是進出人員較少的地方也是很有幫助的。若條件許可，可進行簡易的空間布置，例如幾張椅子與毛毯、礦泉水、熱茶與熱飲，以及給兒童的布偶或玩具，亦可使用手機播放輕音樂。簡而言之，塑造出這裡有一個空間能夠讓個案與「外面（災難現場）」有所區別，「這裡」有給人比較安心、安全的感覺，可以暫時的抽離。如果情況不允上述的空間安排，也可盡量選擇相對安靜、顧及隱私的地點，可以跟個案說：「那邊（指向選擇的地點）比較安靜，進出的人也比較少，不如我們到那邊稍坐一下，你覺得如何呢？」

### 4. 尊重友善的接觸個案

會談者可以合宜的步調出現在受災者的視線範圍內，先是投以眼神接觸，等到對方也注意到你的存在時再緩步向前。若個案低頭或正注視著別處，或是正與別人交談，需確保你的介入不是突兀與中斷的。若無必要，會談者應避免肢體接觸，不論是拍其肩以喚起注意，或是安撫個案時。會談者無須微笑，也不用過於嚴肅，僅以一個自然、關注的眼神注視即可。如果受災者是坐著，會談者也可以蹲下的姿勢開啟對話。剛開始時，會談者可先簡單的自我介紹，說明來意以及可能提供的協助。若個案表示拒絕，則可禮貌地表達沒關係，詢問個案方便的時間、是否介意後續再訪，並留下相關衛教單張以及聯絡資訊即可。若個案未明確表示拒絕，如前述，會談者可以關心個案的身體及相關需求做為建立關係的第一步，並依據個案所述之需求提供相應的資源與訊息，以此來做為建立關係的第一步。

## 二、有效傾聽、情緒支持與同理個案

### (一) 傾聽、情緒支持與同理的基本概念

大家一定都有看過以下這個畫面：嬰兒不知怎麼地哇哇大哭，聽聞哭聲而來的照顧者觀察了一下後，便對嬰兒說：「肚子餓了很不舒服齁，不哭不哭，馬上泡ㄋㄟㄋㄟ給你喝，不哭不哭，呼呼呼呼。」上述畫面看似日常，但卻有非常重要的母嬰依附歷程正在發生。嬰兒在依附關係中，經由照顧者的安撫、理解與引導，得以發現並理解自己的經驗，這裡的經驗包含了身體感覺、知覺、情緒、想法與行為。上述歷程在發展階段中重複上演，最終讓個體逐步形成「我（自我概念）」以及我的「功能」。自我功能涉及層面十分廣泛，其中一項是自我覺察與情緒調節能力：原本需要由照顧者協助調節的情緒經驗，在發展中逐步轉為由個體學習調節自己的情緒經驗。剛經歷災難與創傷事件的

受災者，由於事件影響衝擊過大，以致自我覺察與情緒調節的能力暫時停擺或無法負荷。因此會談者所扮演的角色，就如同依附關係中的照顧者一樣，是協助個案「解讀」這些經驗，或是塑造有助於該歷程活化的因素，試著讓這些經驗能夠被「解讀」，使創傷造成的傷害性慢慢下降。

## (二) 如何讓個案感受到情緒支持與被同理

### 1. 表達關心、正常化情緒反應、邀請分享當前經驗

(1) 表達關心

如前述，提供對個案有用的資源與訊息是很好的建立關係的第一步，也可立刻讓個案感受到會談者的善意，並順勢對其表達關心，輕柔地邀請個案分享當前的經驗。會談者可以藉由這樣的方式表達關心：「除了這些物資與資訊外，你們睡得還好嗎，有沒有稍微休息一下？吃不吃得下東西？有沒有什麼是我可以幫得上忙的地方？」睡眠與飲食常常是敏感於生理與心理狀態的，透過這些詢問，可做為初步關於個案狀態的指引，並依據回應而接續對話。

### (2) 正常化情緒反應

例如當個案說睡不好時，會談者可以說：「你能再多說一些嗎？我們一起來看看有什麼是現在可以做的。」又或者可以這樣的方式表達關心：「除了睡眠與飲食外，其他部份呢？你可以試著說一些些嗎？」。

### (3) 邀請分享當前經驗

當然，有些個案的情緒狀態在互動之中可被明確的觀察到，例如焦躁不安、生氣憤怒、悲傷哀痛等，會談者可這樣表達關心：「現在對許多人來說都是不容易的，任何的反應一定都有它存在的原因，你願意試著說一些看看嗎？」以此來邀請個案針對當前的經驗（想法與情緒）做進一步的分享。注意，會談者不應將創傷反應標籤化，視為是調適過程中的反應之一，正常化個案的創傷反應與情緒會讓他們覺得安心。會談者不必將個案的反應稱為「症狀」或「診斷」，而是了解這些反應背後的可能原因，亦即個案的內在世界，如此可增進會談者的同理與因應。

## 2. 傾聽與情緒認可（emotional validation）

在傾聽時，眼神可適度的與個案接觸，但不必然需要持續注視對方，可適時地將視線移至個案的手勢或是他處，避免持續的注視讓個案感到不自在。在傾聽的過程中，可自然地點頭，以表達有跟上個案言談的內容，這也是種邀請個案說更多的肢體引導，亦是專注的一種表現。此外，會談者不宜頻繁打斷個案，也不應過早的給予評論或評判，以此表示尊重個案的經驗，塑造一個安全的關係，個案可在其中自由地表達想法、情感和需求，不用擔心被評論與批評。此外，避免問一些可能引起不適的問題，例如「為什麼你不做些別的呢？」這樣的問題可能會加劇壓力。會談者透過專注的聆聽而不妄下評論，以此展現對個案情緒的認可，不論是正面或負面的情緒。情緒認可是指理解與接受個案基於各種原因而有這樣的感受與情緒，看見個案情緒背後的原因。透過情緒認可，會談者表達出充份的尊重、接納與同理。會談者可以這樣說：「辛苦了，這一切真的不容易，沒有人可以評論你的感受與想法。我（會談者）相信這些感受背後都有深刻的經驗，對於這部份你可以多說一些嗎？」

### 3. 同理的概念與技巧

同理心是指能夠理解和共感他人感受、情緒和處境的能力。透過同理心，人們能夠暫時放下自己的想法和情感，試圖站在他人的角度去感受和理解他們的情況，進而產生對他們的同理與支持。一般來說，同理心有數個層次，包括：

層次一，會談者並未專注於個案所表達的感覺，因此他所表達出來的感覺比個案所表達的還要少。

層次二，會談者的確對個案所表達的感覺做出反應，但反應中很明顯的忽略個案所表達的情感成份。

層次三，會談者表達出與個案所表達相同的情感與意思。

層次四，會談者能表達出個案沒有表達出來的較深層感受。

層次五，會談者能表達出更多個案沒有表達出來，甚至儘管存在於個案身上但並未被意識到的更深層感覺。

到此，也許你覺得似曾相似，上述所提到同理心的重要成份，實際上就與依附關係的重要功能具有同質性，亦即個案不僅能夠被傾聽、被理解（透過傾聽者的再述），更能夠在互動之中對自己有更深一層的覺察與認識。在技巧上，會談者在邀請個案分享經驗時宜先專注傾聽，嘗試理解個案所要表達的內容以及附帶的情緒，接著透過重述個案所言並邀請其確認是否理解正確，來讓個案感受到被傾聽與理解，如此一來，便能夠做到層次三。至於層次四，由於指出未表達出來的深層情感，可能會讓還沒準備好的個案感受到過於突然，甚至是被冒犯，繼而遭遇一定程度的抗拒。因此會談者可試著採取邀請個案共同確認，且語氣上帶著開放性，或是提供個案幾個選項，來讓個案感受到被尊重與有掌控感。

舉例來說，在大地震中因 房子倒塌而受困數日，好不容易被救出來的個案卻說想要死。

**會談者**：這幾天都還好嗎？有沒有什麼是我可以協助的？

**個案**：我完全睡不著，你知道那種坐在窗邊看著夜幕降臨，然後又看到太陽升起的感覺嗎？有一些想法一直佔據我的腦海，我不懂為什麼只有我獲救，也一直在想，如果那天晚上我沒有罰小孩子去書房罰寫，那這樣當地震來而房子倒塌的時候我們至少會受困在一起，縱使要死也是死在一起。（一邊講話一邊流淚）

**會談者**：（傾聽，沉默片刻）我真的很希望能夠說些話來安慰你，但我知道沒有話能夠簡短地概括你的感受。這幾天你一直無法入睡，整個人的精神狀態也很不好，有些想法一直佔據著你。你一直在想，如果沒有讓小孩去書房而是跟你待在一起，會不會你們就能夠一起獲救，而不是像現在這樣，只有你獲救。（層次三：會談者表達出與個案所表達相同的情感與意思）

**會談者**：這一切真的不容易，沒有人可以評論你的感受與想法，這些感受與想法都是真實的。我在想，這裡好像有一個更深層的感受，你覺得我們可以一起來看看是什麼嗎？

**會談者**：對於同樣經歷驚恐而無望的受困，但卻只有你獲救，然後現在可以待在安全的地方吃飯、睡覺、洗澡。對於現在的這一切，你會覺得自責或罪惡嗎？（層次四：會談者能表達出個案沒有表達出來的較深層的感受）

**個案**：好像更接近自責一些，我真的很希望能夠跟我的小孩交換，讓我被埋在裡面。

**會談者**：你覺得小孩被埋在書房以至於未能獲救，都是因為你讓他去書房罰寫。你認為結果會這樣是你的責任，而對於只有自己獲救讓你深感愧疚，導致現在只要愈恢復正常你就愈愧疚。（層次四：會談者能表達出個案沒有表達出來的較深層的感受）

### 4. 面對幼童時應注意的事項

(1) 與幼兒建立關係的要領

當與幼兒互動時，會談者宜坐下或蹲下，讓他們的視線與你齊高。藉由這樣的舉動，會談者可以更好地與他們建立關係，並且讓他們感受到你的友善與尊重。

（引自 I • EQ 愛互動團隊社群網站）

| 10 | 11 | 12 | 13 | 14 | 15 | 16 | 17 | 18 |
|---|---|---|---|---|---|---|---|---|
| | | | | | | | | 生氣 |
| | | | | | | | 擔心 | 不爽 |
| | | 難過 | 尷尬 | 無奈 | 害怕 | 緊張 | 著急 | 憤怒 |
| | 孤單 | 傷心 | 難堪 | 後悔 | 畏懼 | 不安 | 心急 | 火冒三丈 |
| 無望 | 寂寞 | 悲傷 | 羞愧 | 惋惜 | 驚嚇 | 焦慮 | 慌張 | 挫折 |
| 絕望 | 落寞 | 痛苦 | 羞赧 | 自責 | 恐懼 | 憂慮 | 焦躁 | 挫敗 |

IEQ 愛互動團隊分析製作

## 圖二・心情元素週期表

| 週期 ↓ ／ 族 → | 1 | 2 | 3 | 4 | 5 | 6 | 7 | 8 | 9 |
|---|---|---|---|---|---|---|---|---|---|
| 1 | 開心 | 平靜 | | | | | | | |
| 2 | 高興 | 放心 | 有趣 | | | | | | |
| 3 | 快樂 | 自在 | 好奇 | | | | | | |
| 4 | 喜悅 | 舒服 | 期待 | 得意 | 害羞 | 無聊 | 驚訝 | | |
| 5 | 爽 | 溫暖 | 驚喜 | 自信 | 喜歡 | 討厭 | 疑惑 | 失望 | 委屈 |
| 6 | 興奮 | 幸福 | 滿足 | 驕傲 | 羨慕 | 嫉妒 | 矛盾 | 失落 | 冤枉 |

(2) 協助幼兒命名情緒

在互動的過程中，可以試著幫助兒童表達與命名他們的情緒，有些兒童由於語言發展的關係，仍無法使用精確的詞彙表達自己感受，這時會談者可以使用簡單的情緒詞彙協助其命名，例如「驚嚇」、「害怕」、「難過」、「孤單」、「生氣」等（更詳細的情緒詞彙可參考圖二「心情元素週期表」），可以幫助他們更清楚地表達內心感受。同時，細心聆聽他們的話語，搭配行為觀察，確保能夠完全理解他們的感受和需求。

(3) 必要時邀請家長一同幫助幼兒

需要特別留意孩子可能會在感到極端情緒時，出現行為和語言上的暫時性退化（例如變得更黏父母、孩子氣、語言表達變弱等），有些兒童會表現出退縮、不語，有些是哭鬧不休，還有一些則可能出現發脾氣、摔東西等行為。如果有上述情況出現而兒童又無法明說，會談者宜邀請家長或熟悉孩童的長輩共同討論可能的原因，並嘗試逐一排除。然而就如同成年人一樣，每位幼童在經歷災難事件後，都可能有不同的反應，也可能是階段性的必然反應，會談者可衛教家長不必對幼兒的反應過於災難化，而是更要著重在安定與穩定條件的塑造。

(4) 與青少年互動的要領

與青少年交流時，會談者應該以平等和尊重的態度與他們互動。這意味著會談者應該如與成人互動一樣，真誠地傾聽他們的想法和感受，認可他們的感受與情緒。透過這樣的互動，會談者可以建立起一種開放和尊重的關係，讓青少年感受到被支持和同理。最後，提供幼兒的家長或照顧者這些溝通技巧是非常重要的，家長是孩子的主要照顧者，因此他們需要具備適當的溝通技巧，以幫助孩子更好地理解和處理情緒。

## 三、讓個案的感受找到歸屬

### (一) 透過會談使個案的感受能夠適切表達的基本概念

當無以名狀的情感被語言命名時，這些感受才有了出口與歸屬。語言是個容器，可以用作承載情感經驗，當感受被語言適切命名時，這些經驗才得以被思考，也因此有了被調節的可能性。在漫長的生命中，我們透過對生命經驗及反思來豐富、細緻化抽象語言與具體感受的相互性，使我們得以更了解自己與他人。然而在演化與大腦發展歷程上，情緒腦區的發展先於語言腦區，在生命的頭幾年，情緒是鮮明、混亂及起伏劇烈

## 圖三・心理歷程成份

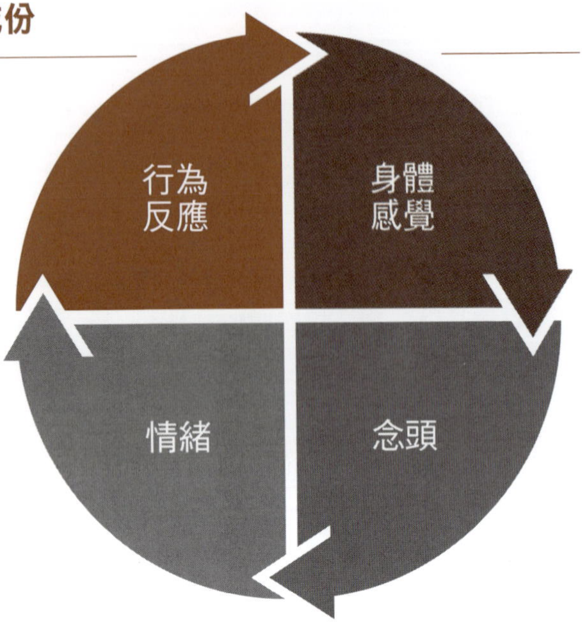


的，直到學齡階段才逐步精熟語言，學習使用語言來了解自己的感受。因此在大多數的情況下，感受比語言來得更為快速與直接，且不一定能夠充份被語言命名。在「傾聽、情緒支持與同理的基本概念」一節中曾提到，在依附關係中，個體逐步形成自我覺察與情緒調節的能力，其中很重要的歷程之一就是照顧者帶領被照顧者使用語言命名自己的經驗，這些情緒因為被命名才得以被反思（思考這些情緒經驗），並有進一步調節的可能性。反之，未被命名的經驗處在感受與語言前的模糊地帶，自然較難透過語言的裝載來宣洩，也更難被反思。經歷災難事件的受災者，感受可能是劇烈、混亂、疑惑、絕望，是百感交集與難以言喻的，會談者在此時任務的主要目標之一，便是協助個案使用語言命名，陳述自己的經驗，看似簡單地邀請他們說說自己怎麼了，整理的歷程卻可能悄悄發生。然而有些個案能夠侃侃而談，有些個案卻可能不知從何說起，有些個案可能情緒激動但卻很難以有組織的方式說出自己的經驗，有些個案則是顯得被動與迴避。如之前所提及的，個案具有決定自己步調的權利，會談者應首重提供安定與穩定，待個案感到足夠的信任與安全時，自然會願意接觸自己的經驗與內心。

因此在本節中，旨在提供一些通用的會談架構及語句。當個案被問及困擾（或問題）時，多數時候並不會將困擾的整體脈絡與因果關係一併陳述，而是說出部份，見圖三「心理歷程成份」，會談者可由此為出發點，依循圖中所提供的成份，協助個案探索其他位置的訊息。

## (二)讓會談更為聚焦與結構化的會談技巧

### 1. 問題的描述與相應的整體經驗

會談者可以這樣問：

「經歷這樣的火車翻覆事件，我想我可能會對於要搭大眾交通工具感到十分害怕，不知道你會不會有這樣的感覺？」

若個案說出感覺，則可以被歸類成「情緒」。接著會談者可順勢了解個案對於事件（火車翻覆）的念頭、行為反應以及身體感覺。

經由引導與整理，個案可能有如下的陳述：

「一想到要搭捷運（念頭），我就會覺得十分害怕（情緒），會想到捷運會不會出軌、翻覆（想法），然後就會覺得全身發抖、無力（身體感覺），所以根本不會想要去搭捷運（行為反應）。」如此一來，個案的經驗在引導下變得更為完整。

會談者可以這樣說：

「對於仍受困在倒塌房子中的家人，我們會感到很害怕，然而難以理解的是，我們有時也會感到自責與罪惡感。關於現在的你，可以試試看說些你的想法嗎？」

若個案說出心中的想法，則可被歸類成「念頭」，並以此延伸蒐集其他訊息，引導個案覺察經驗的整體性。

會談者也可以單純的問：

「可以說說看你目前的感受嗎？」而後再將個案所說的訊息加以歸類，並進行其他

## 圖四．將問題量化與具體化的參考架構

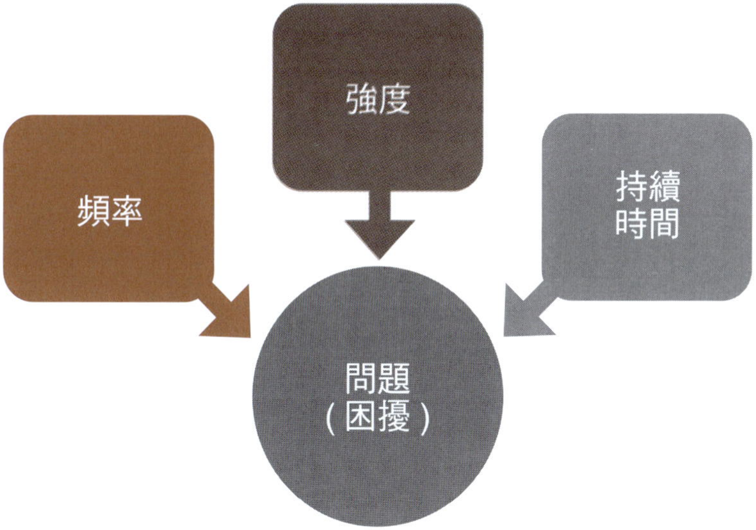


訊息的收集。

### 2. 問題的頻率、強度與持續時間

當個案說出感受或困擾後，會談者可將困擾更近一步的量化與具體化，量化的意思是轉成數字，具體化則是轉為更明確的，而非抽象。透過一系列的詢問來了解問題的頻率、次數、強度、持續時間，以及時間軸下的變化。

如果個案這樣說：「最近都睡得很不好，導致白天精神狀況很差。」

會談者可以這樣問：「目前失眠的狀況，大概一週會出現幾天（頻率）？大概可以維持幾小時的睡眠（強度）？這樣的狀況持續多久了（持續時間）？這期間有

什麼變化嗎？例如有什麼時候比較好，什麼時候變得比較嚴重（可能的影響因素）？」

對於甫經歷強震的個案，會談者可以這樣問：「對於餘震的感覺，大概每隔多久會浮現這樣的感受？每次感受到好像有餘震時，害怕的程度大概是多少？1分是很害怕，10分是完全不害怕。這樣的情況是從什麼時候開始的，大概持續了多久？你覺得有趨緩嗎？還是變得更為頻繁？」

### 3. 問題的前置事件與結果

當會談者更為具體、明確的了解個案的困擾後，接著便是由會談者協助個

**圖五・心理歷程各成份的因果關係**

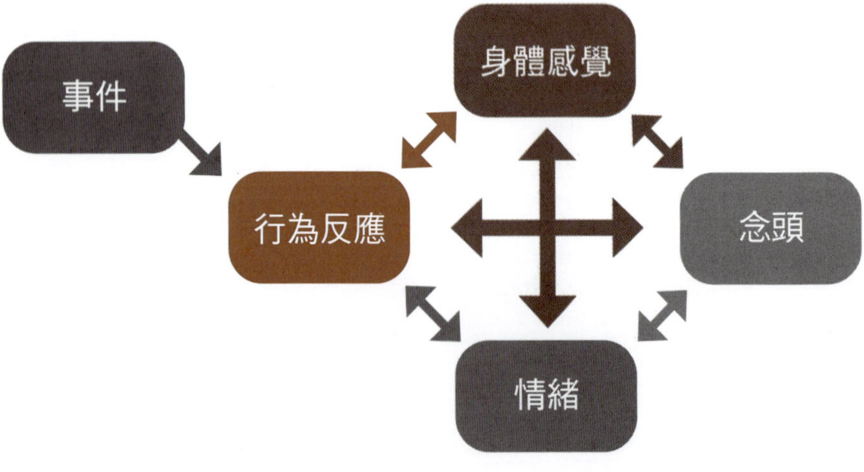

案將所收集到的訊息進行連結、整合，使個案能夠對於問題所造成的影響有更為全面的認識與覺察。這時會著重在將原本相對尚未有彼此連結性意義的訊息予以連結，建立因果關係以形成意義，以供後續處遇介入提供重要的訊息。簡而言之，會透過簡單的說明使個案理解念頭、情緒、身體感覺，以及行為反應彼此之間可能的因果關係。在此很重要的觀念是，任何的困擾必然來自於某個（些）原因，而個體的反應有可能進一步地維持了這個困擾，形成某種封閉性的迴圈。透過協助個案建立整體脈絡性，引導個案了解其中的運作機制，使個案有機會去了解自己在這之中的角色，進而建立改變的空間。

## 四、以心情溫度計為核心的會談程序

### ㈠ 心情溫度計（簡式健康量表，Brief Symptom Rating Scale）

心情溫度計（見表四）的正式名稱為「簡式健康量表」，是由台大醫院精神科李明濱教授所編製，其是以倫納德・德羅加提斯（Leonard Derogatis）所編著的「精神症狀檢核表 90 修訂版」（Symptom Check List 90-R, SCL-90-R）為基礎，再將此量表的題目數進行縮減，命名為「簡式症狀量表」（Brief Symptom Rating Scale, BSRS-50）。然而為了

## 表四・心情溫度計（簡式健康量表）

請您仔細回想，在最近一星期中（包含今天），這些問題使您感到困擾或苦惱的程度，然後圈選一個您認為最能代表您感覺的答案。

| | 完全沒有 | 輕微 | 中等程度 | 厲害 | 非常厲害 | 分數 |
|---|---|---|---|---|---|---|
| 1. 感覺緊張不安 | 0 | 1 | 2 | 3 | 4 | ____ |
| 2. 覺得容易苦惱或動怒 | 0 | 1 | 2 | 3 | 4 | ____ |
| 3. 感覺憂鬱、心情低落 | 0 | 1 | 2 | 3 | 4 | ____ |
| 4. 覺得比不上別人 | 0 | 1 | 2 | 3 | 4 | ____ |
| 5. 睡眠困難，譬如難以入睡、易醒或早睡 | 0 | 1 | 2 | 3 | 4 | ____ |
| 『附加題』有自殺想法 | 0 | 1 | 2 | 3 | 4 | ____ |

得分與說明

前 5 題的總分：
0-5 分：一般正常範圍。
6-9 分：輕度情緒困擾，建議找親友談談，抒發情緒。
10-14 分：中度情緒困擾，建議尋求心理衛生或精神醫療專業諮詢。
15 分以上：重度情緒困擾，建議尋求精神醫療專業諮詢。
有自殺想法評分為 2 分以上（中等程度），建議尋求精神醫療專業諮詢。

能更迅速地了解被評估者的心理健康狀態，且兼顧施測便利性，又再針對「簡式症狀量表」的題項進行精簡，留下五個題目編製成「簡式健康量表」，又名心情溫度計。（見表四）心情溫度計已被證實具有良好的信度與效度❶，在國內多個領域被廣泛使用，是一個良好的心理健康篩檢工具。

心情溫度計為自陳式量表，適合多數民眾，但針對國小及以下的學童，由於尚未有研究探討其適用性，故建議可由評估者適度地將題項作更白話的解釋，以對話的方式施測。在施測上，民眾可自行填答、加總分數，再依據不同總分的解釋了解自己當前的心理健康程度，並參考相關指引。❷

心情溫度計的五個題項分別是針對焦慮、憤怒、憂鬱、自卑與睡眠困擾進行測量，而附加題的自殺想法則是評估個案是否具有自殺意念。儘管題項於設計之初是以簡易施

❶顏如佑等，2005；Chen, et al., 2005

❷顏如佑、柯志鴻、楊明仁等：〈台灣人憂鬱量表與簡式症狀量表使用於大規模社區憂鬱症個案篩選之比較〉。《北市醫學雜誌》2005;2(8): 737-44.
Chen, HC, Wu, CH, Lee, YJ, et al.: Validity of the five-item brief symptom rating scale among subjects admitted for general health screening. J Formos Med Assoc 2005; 104(11): 824-9.

測且耗時短為主要考量，但若是使用於災難、創傷相關族群，由於族群之特殊性，合理假設受評者具有相關心理不適，因此仍建議透過會談的方式，以題項為核心，做更全面的資訊蒐集，並於過程中適度的傾聽與同理，進而達到建立關係、資訊蒐集以及初步的情緒安撫作用。以下將逐題說明使用範例。

### 建立關係

**會談者**：您好，我是○○○單位的工作人員，我叫做○○○，這是我的識別證（指向別在身上的識別證或出示相關身分證明文件）。

**會談者**：目前在指揮總部以及各分處點有生活用品、礦泉水及熱食的提供，有沒有需要幫你們拿些什麼呢？或是目前有沒有什麼是你們需要的，也許我可以協助反應給上級。

（此處著重在關係的建立，如前文提過的，若可以的話，先提供有用的物資與訊息，這通常可以有效的建立良好印象）。

題項1

**會談者**：辛苦了，這一切真的都不容易，這時候每個人的感受可能都是複雜的，這些感受也需要被看見。

**會談者：**這幾天都睡得還好嗎？會不會有睡不好的情況？例如翻來覆去就是睡不著，或是很淺眠，一有風吹草動就會醒來，還是說會有睡兩三個小時就醒了，然後就很難再入睡的狀況？如果有的話，您覺得程度大概是多少？0分是完全沒有，5分是非常厲害、困擾。

題項2

**會談者：**這幾天會有很難放鬆、很緊張的狀況嗎？像是心跳得很快，不自覺的坐立不安，必須要走來走去才感覺比較好些，沒有什麼胃口東西都吃不太下，或是擔心的事情反覆的浮上心頭，覺得自己一直處在很慌張的狀態。如果有的話，您覺得程度大概如何？

（注意，個案有可能會透過使用酒精、檳榔、藥物來緩解自己的焦慮不安，因而在詢問時，原本的問題已被掩蓋。若有，評估者可適度的探問。）

題項3

**會談者：**有些人在遇到這些不幸的事情之後，會變得比較煩躁、沒有耐心或容易生氣、對家人大小聲，這些情緒不代表是這個人的問題，如同其他情緒一樣，這些情緒需要被看見，也需要出口。您這幾天會不會覺得變得比較沒有耐心？或是不自覺得的對於一些事情會愈想愈生氣，會感到憤恨不平？

題項4

**會談者**：經歷了這些事件，有些人會感到失落與無助，甚至是絕望。每個人的感受或許略有不同，但可能會有以下這些情況，它們不見得是不健康的，但需要被看到與注意到。請問這幾天，您有情緒低落，心中悶悶的感覺嗎？會比較難開心起來，或是有無助與絕望的感覺？會不會感覺累累的，很多事情都提不起勁，儘管是一些小事情？

題項5

**會談者**：最近會有感覺自己很差勁，比不上別人的想法嗎？像是覺得為什麼別人看起來好像都很堅強，或是為什麼別人可以做出正確的判斷但自己無法，覺得自己很糟糕，因而感到自卑，甚至有開始懷疑很多事情的狀況，例如擔心別人在背後嘲笑自己，大家對自己很失望等。

附加題

**會談者**：儘管我們的會談內容是受到保密的，但若是涉及到自傷與自殺相關的狀況，我可能會需要進行通報。但是您不必過於擔心，這個通報是專業上、醫療上的討論，會有專業的團隊來一起看看有什麼方式可以協助您。多數人在被通報後，都感覺有獲得不同程度的幫助，若您不想要這些協助，屆時也是可以拒絕的。

**會談者：**經歷了這些事情，有些人在無助、無望的狀況下，會有一些想不開的念頭，有時候很隱微。請問您最近會有突然想到若是一覺不醒，或許會輕鬆很多的想法嗎？如果出了車禍就離開了，似乎會比現在還輕鬆？或是開始有斷斷續續地在想一些離開的方式但還不算有具體的規劃，以及最後有一些明確的方式與計畫，甚至已經寫好遺書或是做好後事的安排。如果有的話，您覺得程度大概如何？

## (二) 針對幼童的評估方式

### 1. 觀察幼童在災難事件後是否出現情緒、行為上的改變

幼童與學齡階段的孩童，其因認知功能、記憶，以及語言發展的關係，在陳述事件與內心的感受上無法像大人一樣完整，難以依照人、事、時、地、物的架構將經驗組織、整理並說出來，更不用說相關的心理歷程，如想法與感受。因此評估幼童在災難事件中受的影響，可從平日的情緒與行為反應來觀察，如：

- 事件過後，生活中的情緒波動是否變大？容易受驚害怕？情緒主軸是否改變，如開朗外向的孩子變得不愛笑了，或變得容易生氣或哭泣？

- 以前可以接受的事物或挫折現在是否變得難以忍受？情緒起伏時是否變得更難安撫？需要花很多時間才能平靜下來？
- 是否對於環境刺激沒什麼反應，整個人像被抽離一般？是否變得退縮、黏著大人？（如：不願上學或無法接受爸媽／照顧者離開視線）
- 行為是否相較之前退化，如本來會的事現在需要依賴大人完成，像個更小的小孩一樣？或突然在動作表現上退化，看起來悶悶不樂或經常若有所思？
- 在課堂上的表現是否改變，經常發呆或沉浸在自己的世界中？學業表現是否受影響？
- 飲食與睡眠習慣是否改變？變得更多或更少？晚上睡覺是否做惡夢、驚醒？
- 遊戲時間是否減少？在遊戲的主題上是否改變？出現與創傷、死亡相關的主題？
- 是否對大人試圖談論災難事件避而不談？是否在災難後出現某些堅持行為？目的可能是為了尋求安全的感覺。

### 2. 透過畫圖、圖卡或是遊戲來讓幼童說出感受與想法

感受是真實、鮮明的，並等待著被命名，藉由語言來裝載，因此會談者可以透過各式媒介讓孩童在其中遊玩，而在遊玩之中所顯現的，皆是語言前的素材。會談者可以準

備白紙（或空白畫冊）與蠟筆邀請孩童作畫，試著這樣說：「哈嘍，我是〇〇〇老師，你是〇〇〇嗎？老師想要跟你一起玩一個遊戲，這邊有蠟筆跟紙，我們來一起畫畫，畫什麼都可以，也可以畫今天的你，例如你的臉、表情，以及旁邊的東西。」待兒童做出反應後，協助幫他的作品命名情緒，可以試著這樣說：「這個人的臉看起來很難過，你也感覺他很難過嗎？」「不曉得他為什麼會看起來這麼難過。」以開放的方式與兒童互動，開啟後續的討論。若兒童沒有反應，可以等待或是幫他準備其他媒材（人偶娃娃、樂高、絨毛玩具、手偶、黏土，或該兒童喜歡的玩具）使用。有時直接討論兒童內在的狀態是困難的，兒童也會不知道怎麼說明自己的狀態，但藉由人偶、娃娃或圖畫，可以協助兒童以訴說他者的方式來表達自己內在真實的狀態。

# 第六章
# 災難情境常見心理議題與介入

## 一、如何穩定具有焦慮或創傷相關反應的個案

### ㈠ 為何人們會有焦慮或創傷相關反應？

在心理病理學中，個體的擔憂、焦慮與害怕，以及侵入性、迴避與高度警醒反應皆是壓力反應，都是個體對於壓力源的表現，差異在於程度不同。因此這些程度不同但性質上接近的反應，在介入的觀念與方法上也有共通之處。以下先就焦慮與創傷反應的原因、機制做說明，之後則介紹相關的因應與介入方式。

#### 1. 焦慮與創傷相關反應是不當學習的結果

大家應該都有看過這樣的畫面吧，當主人拿出狗狗平時吃飯的碗，還在準備食物

時，狗狗就已經興奮地搖尾巴、流口水。狗狗對於食物有流口水的反應是相當正常的，畢竟這是狗狗很喜愛的，但為什麼狗狗也會對裝食物的碗有流口水的反應呢？答案是狗狗學習到了碗與食物的關係，儘管狗狗可能沒辦法說出來。這種學習機制普遍存在於生物體中，而對於攸關生命的危險有更為強勢的學習效果。舉例來說，經歷火車出軌的個案，在事故當下先是經歷了刺耳的剎車聲，而後是火車於隧道內翻覆，導致車廂內一片漆黑。經此事件，身體學習了刺耳的剎車聲與漆黑代表後面有可怕的火車事故，導致對於類似的訊號，身體會以「後面有可怕的事故要發生」來反應。因此，縱使過去不怕黑的個案，也可能開始對生活中各種「黑」的情境有著膽顫心驚的害怕與顫抖。更有甚者，當經歷的災難、創傷事件對個體衝擊過大時，甚至有可能全面性地學習到環境不再安全，出現高度警醒反應，以及有無法控制的創傷事件回憶、惡夢侵入，甚至是解離反應。

多數人在日常生活中都曾經歷過大大小小的意外，例如經過某個巷口時，被急駛而過且突然出現的機車喇叭聲嚇到；經歷不小的地震，儘管毫髮無傷但仍餘悸猶存；泡咖啡時不小心被熱水燙到，皮膚還起了水泡。然而多數人是能夠逐步恢復原有的生活，不會受到太大的影響，為什麼呢？其中一個關鍵在於經歷意外的人們是否在後續發展出迴避、逃避的行為。舉例來說，個體若因為經歷火車出軌事故，對於捷運的剎車聲感到極度的害怕而開始逃避搭捷運，如此一來，先前的恐懼經驗就會被持續保留（火車的剎車聲之後有火車事故，捷運的剎車聲之後也會有事故），而無法透過新的經驗來中和、更新（透過一次次搭乘捷運來再次學習剎車聲其實不會帶來可怕的結果）。

## 2. 經歷災難導致人們看待自己、世界與未來的方式改變

重大創傷事件不只影響個體的身體，也對心理造成一定程度的衝擊，此處的心理就包含了個體對於自己、世界及未來的信念，

圖六・焦慮與創傷相關反應形成的機制

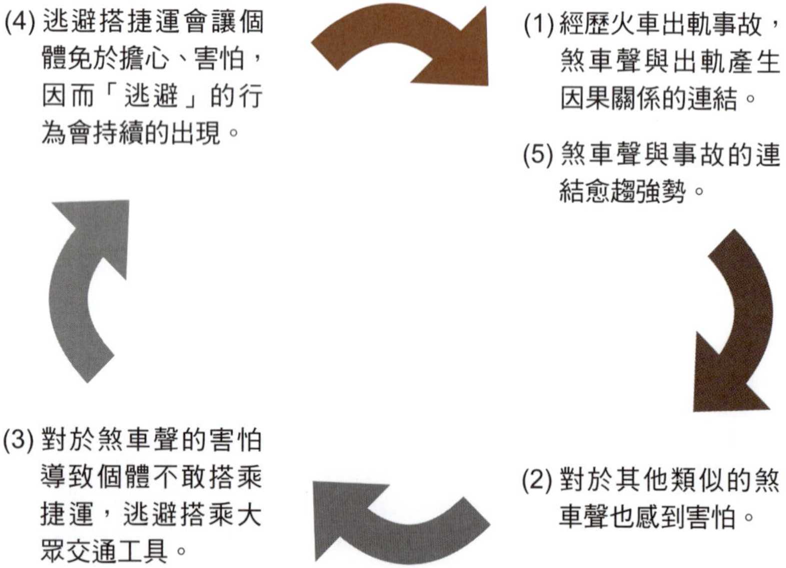
(1) 經歷火車出軌事故，煞車聲與出軌產生因果關係的連結。
(2) 對於其他類似的煞車聲也感到害怕。
(3) 對於煞車聲的害怕導致個體不敢搭乘捷運，逃避搭乘大眾交通工具。
(4) 逃避搭捷運會讓個體免於擔心、害怕，因而「逃避」的行為會持續的出現。
(5) 煞車聲與事故的連結愈趨強勢。

或簡單來說，就是個體的世界與價值觀。信念（或基模）是一種長期思考的原則、樣板，受到眾多生命經驗所影響，在早年經由經驗而被塑形，而後趨於穩定，但並非不變動。

舉例來說，生活在歐洲的人，從小到大的經驗中就不曾經歷地震。反之，從小生活在日本的人，不論是經由文化脈絡的耳濡目染，或實際的生活體驗，地震是更為鮮明、立體的存在，這些都會造成生活在日本的人對於地震之於自己、世界及未來都有一定程度的影響。研究顯示，當經歷重大災難事件後，個體若出現持續、顯著的焦慮與擔憂反應，則其在信念上便有特定的特徵，這些特徵包含：(1)不切實際的畏懼物體或情境。(2)高估該物體或情境會帶來的危險。(3)低估應該物體或情境的能力。(4)行為的特徵包含明顯且反覆的逃避行為。

又例，曾因確診新冠肺炎入住負壓病房的個案，縱使恢復良好出院，但卻發展出大大小小、各式各樣的警覺、擔心與害怕的情況。例如出入公共場所時極度地警覺他人的咳嗽、反覆使用酒精消毒，情況嚴重到個案對於離開家到其他場合感到相當焦慮不安，明顯影響其生活與工作。若從前述的觀點來概念化個案，則顯示染疫經驗為個體的信念帶來強烈的衝擊與再塑，致使個案不切實際地畏懼再次染疫的可能性、高估再次染疫所帶來的危害，以及明顯低估自己所做的防疫措施可帶來的安全性、自身免疫系統的保護力，以及過度的迴避與消毒。

### 3. 放不下的擔憂，實際上是我們想要「擔憂」

儘管擔憂讓人苦惱，但事實上擔憂可能具有某種吸引力，讓人無法放下，這樣說是不是有點矛盾？心理學的多項研究指出，人們之所以會擔憂，是因為擔憂具有價值與功用；湯姆．博科維克（Tom Borkovec）及其同僚認為，透過不斷的擔憂，個體得以將注意力從強而有力的負面情緒與意象中，轉至較不負面的事情上[1]。舉例來說，一想到大地震有可能再來，這令人感到十分驚恐，因此人們透過對大大小小、各式各樣生活事項的擔心來分散注意力，藉以迴避想到最可怕的事情，如此一來，陷入憂思反而有助於減輕焦慮。除此之外，透過不斷的擔憂，人們預想事情將會如何發生的各種可能性，看似計畫、預演，也讓人感到有某種控制感，但若是過度或針對的是無從預測的事情（例如地震），則會陷入無止盡的內耗。

## ㈡ 心理介入步驟一：了解問題與澄清需求

當實際的問題還未獲得妥善處理或至少對於能見度有一定掌握時，心理議題的介入會顯得事倍功半。因此評估者首先應了解引起個案焦慮、擔憂不斷的來源是什麼，若是攸關醫療與生理需求，或是缺乏關鍵訊息，甚或是人身安全仍未獲得保障，則應首重協助個案緩解、縮小問題，或至少讓問題的理解能夠被合理化，讓應對方式有一定程度的能見度。這時可以依據第四章中「如何判斷害怕、焦慮、擔憂的合宜性」所提及的，透過(1)物理上的遠近，(2)時間上的遠近以及(3)嚴重性（或危險性）來進行判斷。當物理與時間上接近，且有一定程度的嚴重與危險性時，需優先處理實際的問題。反之，當物理與時間上遠，但嚴重性高，或是物理與時間上近，但嚴重性低，而個案仍有明顯的焦慮與擔憂時，就有心理介入的空間。

## (三) 心理介入步驟二：安定心神的小技巧演練

### 1. 為何放鬆的小技巧有用？

如前述，過度的害怕、恐懼是不當學習的結果，有時個體會發展出更為普遍、全面的情緒反應，例如縱使在安全的環境中仍然無法平靜下來。這時透過有意識的放鬆技巧

❶ Borkovec, T. D., & Newman, M. G. (1998). Worry and generalized anxiety disorder.

## 圖七．安定心神小技巧的療效機制

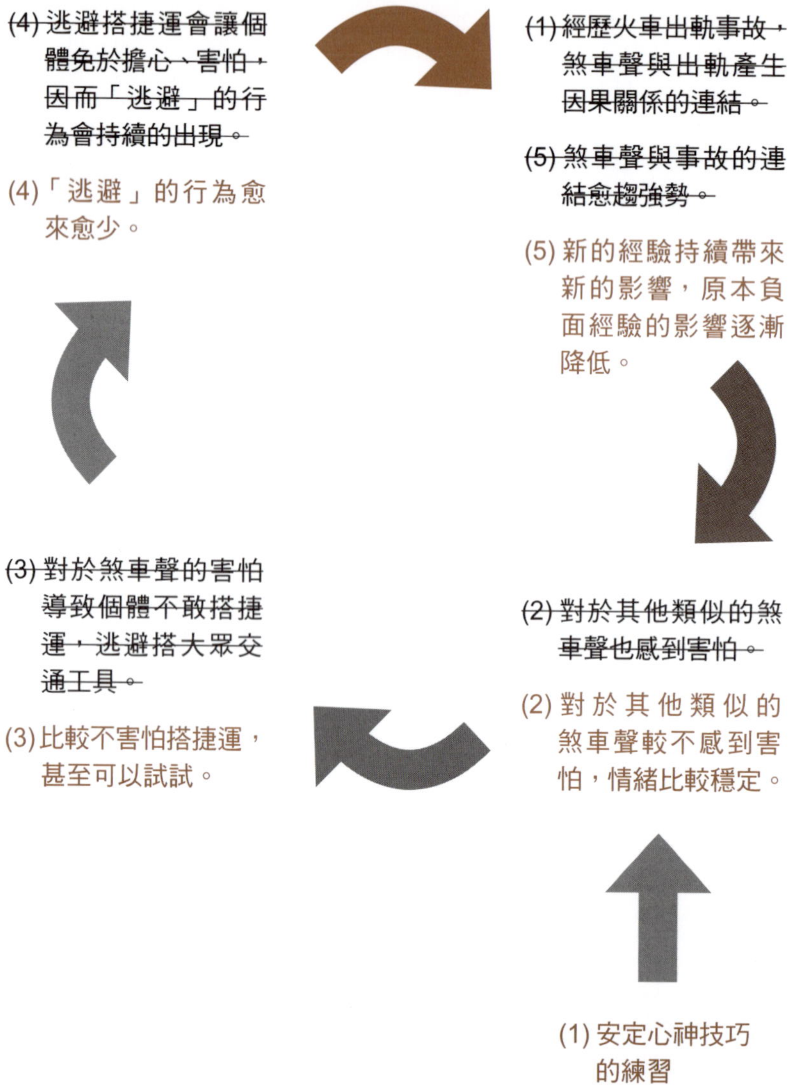
~~(1) 經歷火車出軌事故，煞車聲與出軌產生因果關係的連結。~~
~~(2) 對於其他類似的煞車聲也感到害怕。~~
~~(3) 對於煞車聲的害怕導致個體不敢搭捷運，逃避搭大眾交通工具。~~
~~(4) 逃避搭捷運會讓個體免於擔心、害怕，因而「逃避」的行為會持續的出現。~~
~~(5) 煞車聲與事故的連結愈趨強勢。~~
(1) 安定心神技巧的練習
(2) 對於其他類似的煞車聲較不感到害怕，情緒比較穩定。
(3) 比較不害怕搭捷運，甚至可以試試。
(4)「逃避」的行為愈來愈少。
(5) 新的經驗持續帶來新的影響，原本負面經驗的影響逐漸降低。

練習，來讓自己的身體與心理從過度激發的狀態中冷卻，回到較為平靜的狀態。在學理上，個體若能夠自主啟動放鬆的歷程，除了有助於個體掌控情緒外，更能減少先前不當學習連結的強度，使個體較能逐步地面對原本害怕的情境，重新獲得新的經驗來修正原先的負面經驗。

### 2. 安心小技巧：54321 扎根練習（54321 Grounding practice）

扎根練習目的是在幫助人們管理壓力和焦慮，這個技巧最大的優勢之一是不受時間與地點的限制，且幾乎無學習成本，任何人都可能在第一次嘗試時就體驗到效果。扎根練習的原理是將散亂的注意力重新放到五官的感官經驗中，透過專注於五官經驗，能夠讓我們專注於當下，進而帶來平靜。

(1) 說出5件你可以看到的東西

花點時間注意你的周圍環境，並選擇五件你所看到的東西說出來。無論是一瓶礦泉水還是一張桌子，目標是看到東西的細節，像顏色、形狀和質地。透過將你的注意力轉移到視覺感官經驗，讓你從原本的焦慮迴圈中脫離。

(2) 說出4個你可以聽到的聲音

如果可以的話請閉上眼睛，若是因為太焦慮而無法閉眼也沒關係。專注在你周遭環境的聲音。這些聲音可能是空調的聲音、不遠處樹上的鳥叫聲，又或者更遠處的工地施工的聲響。辨識這些聲音有助於將你的注意力從內在的擔憂轉移到周圍的世界，將你札根在當下。

(3) 說出3件你可以感覺到的觸覺感受

若可以的話，閉上眼睛，專注於觸覺來進一步將自己札根於當下。注意到你可以感覺到的三個觸覺感受，它們可能是你的襪子與腳底板接觸的感覺、你的臉頰的溫度，或是你的小腿接觸褲管的感覺。當我們注意到當下的這些觸覺感受時，也會有種被托著的感受。

(4) 說出2件你可以聞到的味道

深呼吸，辨識你周圍的兩種不同氣味。它們可能是放在桌上的食物味道，也可能是咖啡與茶香。當我們將注意力專注於當前的味道時，也將思緒從紛擾之中暫時抽離，專注於當下並加強與當下的連結。

(5) 說出1件你可以嘗到的味道

最後將注意力專注於你的味覺。你可以喝一口水，或是喝一口茶或咖啡，細細品嘗個中的細微滋味。

### 3. 安心小技巧：三分鐘呼吸空間

以下是三分鐘呼吸空間的指導語，會談者可在較為安靜、隱蔽的空間，帶領個案進行此一練習。

(1) 第一分鐘

當你感到自在時，可以試著閉上雙眼，保持專注與覺察，感受當下真正的狀態。首先觀察你腦海中現在有什麼想法浮現，有什麼念頭比較活躍，將這些想法視為心理活動，留意它們但不跟隨它們。接著注意當下的各種情緒，尤其是否有不舒適或不愉快的感受，無須試圖消除它們，只需承認它們的存在，溫柔地跟他們打聲招呼。然後專注在身體感受，是否感覺到緊繃、僵硬或其他任何身體感受。最後再次覺察它們，只需留意即可。

(2) 第二分鐘

接下來我們要專注在呼吸上，透過專注於此，讓我們純然地處在當下。現在花約一分鐘的時間，將注意力放在呼吸時腹部的起伏上，專注地感受腹部的變化，讓我們在吸吐之間形成一個寧靜的空間，全神貫注，將呼吸視為你當下存在的證明。

(3) 第三分鐘

在專注於呼吸約一分鐘後，我們進入第三個階段，此階段的目的是擴展我們的覺察範圍。像之前專注在呼吸時一樣，現在我們將這種覺察擴展到全身。可以想像我們原本專注在腹部的一個點，現在以此點為中心，向全身輻射擴散。如此一來，我們將全身的感受納入更廣泛的覺知中，把注意力放在全身的感覺上，包括任何身體緊繃的感覺、任何想要動的衝動，以及肩膀、脖子、背部或臉部的感受。隨著呼吸的流動，就像整個身體在呼吸一樣。將所有感覺融合在一起，進入一種輕柔、寬廣的覺知狀態。最後當你覺得準備好了，慢慢睜開眼睛。

## 4. 其他的放鬆技巧

其他的放鬆技巧也相當推薦，例如身體掃描、漸進式肌肉放鬆與想像式放鬆。網路上（如台灣正念工坊或南華正念中心的 YouTube 頻道）有相當豐富的說明與指導語，會談者可以事先準備相關資料，例如使用手機播放或是將指導語列印出來，屆時視情況選用。

### 5. 於居家環境或安置中心中創造安全的角落

對於經歷災難與創傷事件的人，有可能害怕獨處、怕黑，或是開始害怕一些以前不害怕的東西，這時個體有可能對於原本的居住環境不再感到完全的放鬆，嚴重時甚至影響睡眠。對此，會談者可協助個案在居住環境中安排可以感到安心的布置。舉例來說，若是個案有宗教信仰，可以安排小的桌子擺放佛像與柔和的桌燈、相關佛經音樂的播放，或是基督教、天主教相關物品的擺設。另外，有些人會在牆面貼上能夠讓自己感到平靜的海報、圖畫，例如大張的深藍色海平面海報，甚至是將自己手機中曾拍下的美麗畫面，或是帶有珍貴回憶的照片放大列印出來張貼。簡而言之，將會讓自己感到安心、平靜的事物具體化擺放於家中。

## (四) 心理介入步驟三：生活排程與漸進式接觸害怕的事物

因為災難性事件的衝擊，個體可能會因為各種焦慮與創傷反應而影響原本的生活與工作，嚴重時甚至長時間不安、惶恐，容易受到驚嚇，甚至是嚴重的失眠。此時面對有焦慮與創傷反應的個案，當會談者引導個案走過前述兩個步驟後，接著可以做的事情便是暫時充當個案的生活管理員，協助個案重新步上原本熟悉的生活軌道。在這之中，關鍵在於藉由生活事項的參與，讓個案感受到熟悉、秩序與安定感。簡而言之，透過簡單且熟悉的事物的參與，利用外在事物而影響內心世界，整理心裡的紊亂、恢復安定。而後則是其他感受的活動安排，例如愉悅感、意義感、歸屬感與效能感等。當然，這些感受導入的先後順序會因人而異，會談者可與個案一同討論，保有個別化的彈性。

### 1. 協助個案結構生活排程

會談者可先了解個案原先的生活排程與習慣，以及各種活動帶給個案的感受，掌握哪些活動較有可能帶給個案熟悉、秩序與安定感。之後協助個案逐一寫下接下來一週的生活規劃，不必過於精細，但也需有其結構性。舉例來說，週一上午安排家務的整理與環境的清潔，週一下午去熟悉的賣場進行採買，晚上則是安排較為休閒的活動，像是看一部自己很喜歡的電影、影集或動漫。另有一天的晚上安排與親友用電話或是社交軟體聊天，抒發心情。透過活動排程的安排，除了讓個案重新步上熟悉的軌道外，也是減少空閒、胡思亂想的時候。

此外，也可協助個案將擔憂的事情透過生活排程框架起來。有些人在經歷創傷與災難事件後，會開始出現源源不絕、大大小小的擔憂，尤其是針對模糊、難以預期與控制的事情。這類型的事情很容易讓人們誤以為是在計畫，但實際上卻是因為沒有安全感所以陷入反覆的泥淖之中。對此，會談者可協助個案將「擔憂」排入生活排程之中。舉例而言，個案擔憂罹患新冠肺炎之後，身體會有可怕的後遺症，這事情在性質上既模糊又難以預測。會談者可與個案討論，在每日上午安排三十分鐘來專心「擔憂」後遺症，例如上網查資料或是與親友討論，找一些具體、建設性的事情來做。之後每當個案心中又浮現這些擔憂時，鼓勵個案以這樣的方式告訴自己：「我今天已經擔心過了，再多的擔心也沒有更多幫助，況且我明天也有安排時間來擔心，今天的其他時間就好好專心在其他事情吧。」

## 2. 適度導入輕微的漸進式接觸

有些人在經歷災難事件後，會發展出非適應性的迴避行為，有時也會以過度的保護行為做為表現，例如感染新冠肺炎後，過度的使用酒精清潔。這時會談者可協助個案於生活中漸進式的接觸害怕的事物，並且盡量不使用過度、非適應性的保護行為。在概念上，如果個案害怕的事物有10分的害怕程度，則協助個案從周邊開始緩緩接近，挑選3—4分害怕的事物開始。舉例來說，對於經歷火車出軌的個案而言，搭火車是現在最害怕的事情，而對於搭捷運則有7分害怕，據此，會談者可鼓勵個案於生活排程中，安排至捷運站的月台坐三十分鐘，接著嘗試搭乘捷運搭過一個站，如果順利，再逐漸增加搭乘時間。就學理上而言，讓個案逐步嘗試漸進式的接觸害怕的事物，有助於讓原本因不當學習而產生的連結性轉弱，進而趨於中性，也就是原本的樣貌。

## 3. 尋找心靈的護身符

心中反覆出現的焦慮與擔憂，就像如影隨形但又常常不見身影的惡魔。在不同文化之中，面對「外在的」危險或可能的威脅，人們會以「實體的」信物來保護自己，例如十字架或是佛珠。因此當面對「內心的」不安時，我們可以有「內心的」附身符。會談者可協助個案找到、確認自己所認可的、有力量的語言，並且把它寫在小卡上，隨身攜帶，又或是寫在便條紙上，張貼在可時常提醒自己的地方。有人認同「活下來最重要，其他再努力就有」，也有人覺得「家人比什麼都重要」，有人則是覺得「先求有再求好」很受用。每個人因為價值觀的不同，而對不同的話語有不同的感受，會談者重要的是要協助個案找到自己所認同的內心護身符，並且相信它。

## 二、如何提升具憂鬱相關反應個案的情緒

### (一) 為何人們會有憂鬱相關的反應？

#### 1. 無助、被動、消極是不當學習的結果

剎車聲與火車事故的不當連結，經由個體對於可能出現剎車聲的場合的迴避而被保留，因為逃避可以讓個體免於經驗到焦慮與害怕，因此就個體的主觀經驗而言，逃避其實有它的功能性，導致個體會「積極」的逃避，因為它會帶來好處，儘管長期來看可能是不好的。然而據研究顯示，當個體無法從痛苦的經驗中逃脫，儘管有過數次嘗試但皆

徒勞無功時，個體就會學習到無助與無望。當自己的行為沒有辦法帶來好的結果，那行為就會被放棄，取而代之的是被動、消極、無助與無望，且這種學習會類化並影響其他應該是獨立的事件，經年累月就會成為一種相對穩定的行為模式。舉例來說，父親在確診之後，在慌亂與匆忙之中入住負壓病房，期間個案對於父親的病況僅能被動的等待醫院告知，且通知的時間並不固定。在一次次的電話中，個案被告知父親的狀況起起伏伏，儘管十分著急，但個案能做得非常有限。然而就在一次深夜，醫院來電表示父親的狀況急轉直下，需要預先進行臨終告別，在一次的電話後，父親不久就過世了。父親的離世帶給個案深深的打擊，對於父親的病況，個案完全無能為力，而起起伏伏的病況也讓個案學習到抱有希望是一件可怕的事情，因為最終父親還是離開了。至此，個案在此事中所經驗到的無助與無望也蔓延到了其他生活面向，對於工作、人際關係甚至是娛樂，都相對的被動、消極。

## 2. 經歷災難導致人們看待自己、世界與未來的方式改變

有憂鬱相關反應的人，其信念有相似的特徵，核心部份為(1)絕望預期，亦即個體知覺期望的結果無法達到，也認為自己沒有能力做出任何反應來改變這種情況，其他特徵

還包含了對事件作「穩定」與「全面」的歸因傾向。(2)「穩定」，指的是事件所帶來的影響將穩定、持續的存在，在可預期的未來並不會有明顯的轉變。(3)「全面」，意指事件帶來的衝擊會影響多個面向，例如生活、工作、個人健康與人際關係。最後，(4)若個體傾向將事情過度歸因為個人的責任，則會出現自責與愧疚。舉例來說，勤奮工作、努力存錢，好不容易才存到頭期款而買的房子，在一次地震中因為房子結構扭曲，被判定為危險建築而不適合居住。面對遙遙無期的重建，難以想像可能經歷的各種反覆、繁瑣流程，以及還有數十年的房貸，個案發現自己能做的很有限，能夠改變的事情很少，自然而然就有「絕望預期」，而還剩餘數十年的房貸以及後續可能持續耗費的心力，在個案的能見度中，他看不到事情會有改善的盡頭，進而認為事件所帶來的影響是長期且「穩定」的。最後個案認為事件對於整體人生的衝擊，包含個人的時間、金錢、娛樂、家庭，再到生活品質與幸福感，這個事件所帶來的影響是「全面」的，如此一來，絕望預期、穩定與全面，這些歸因方式將讓個案深陷憂鬱狀態之中。

### ㈡第一步：了解問題與澄清需求

與「如何穩定具有焦慮或創傷相關反應的個案」中所提及的第一步相同，即了解個案的問題與澄清其需求。在經歷創傷與災難事件後，個案可能有暫時性地悲觀，甚至感到無望與絕望，以至於產生憂鬱反應。評估者在心理介入的整體概念與順序上，第一步便是評估個案是否有自殺風險，再來則是理解其憂鬱與悲慟，不過份、非同理性地鼓勵，更多的是尊重、陪伴、支持與傾聽，以及盡可能的協助排除會使其狀態持續惡化的因子，增進可能可以穩定或是醞釀可以開啟調適步調的因子。

### (三)第二步：連結各項社會資源，增進整體支持度與安定感

所謂的資源，就廣義而言，是指任何可以被用來協助解決問題或需求的服務或商品。一般來說，資源可以分為內在資源與外在資源，內在資源指的是無形的資源，例如個人的人格特質、情緒管理技巧、專業知識與技能，以及家庭的情緒支持。外在資源則是指具體的物質與服務，如需要資格認定的來自政府或民間機構的各項資源，又或是較不需資格認定的來自志工或親友的協助。本章節前面所著墨較多的是協助/增進個案的內在資源，而此處會談者可有意識的將焦點放在個案對於使用外在資源的態度與意願上。台灣近年來的災難心理處遇已愈趨制度化，重大事件更是一案一社工師，由社工師做為個案與廣大資源的管理者及窗口。因此會談者可以向個案做簡單的說明，介紹可能

的各項資源以及鼓勵與社會工作師詢問相關資源。會談者應注意讓個案相信這些人與資源將可能幫助到他，相信這些資源並且願意嘗試看看。除了上述以外，就實務經驗上，當個案能夠加入同質性的社群，例如臉書社團，或LINE的群組，除了獲取有用的資訊外，亦可感受到普同感（universality）與支持感，且若能夠得知群體中有成功或是正面案例，將是活生生、相當實際的鼓舞。

## (四) 第三步：生活排程，協助轉移注意力與增進自我效能感

與第六章中所述「如何穩定具有焦慮或創傷相關反應的個案」裡的第三步（生活排程與漸進式接觸害怕的事物）相似，個體在經歷災難事件後，可能會因為衍生的憂鬱反應而影響原本的生活與工作，嚴重時甚至有可能足不出戶、有一餐沒一餐、社交退縮以及日夜顛倒。與焦慮及創傷反應介入原則不同的是，當會談者面對有憂鬱反應的個案時，引導個案走過前述兩個步驟後，接著可以做的事情便是暫時充當個案的生活規劃員，協助個案在生活中重新經驗到正向的感受，這個感受指的是效能感與希望感，進而能夠開啟調適的步調。效能感意指個體對於透過自身行為以達到特定目標的信心程度。個案在災難事件中被深深的打擊，以至於對自己以及未來感到無望甚至絕望，因此如何

讓個案從各項活動中重新感到「自己是一個有用的人」、經驗到「自己的好」是其中的關鍵，因為這可以讓個案重新回到正向的軌道上。舉例來說，將洗澡安排進生活排程中，這項之前看似再平常不過的活動，有可能對於憂鬱中的個案是困難的，然而透過會談者的鼓勵以及與個案共同排定此活動將被執行的承諾，個案在沐浴完之後會因為清新的感受而有正向的回應。此外，有憂鬱反應的個案常會覺得力不從心，以往輕而易舉的事情在此時皆顯得費力，因而會有拖延與逃避的態度，有時甚至影響到關鍵事情的發展。對此，會談者也可一併協助個案做相關的計畫，例如將任務拆解到更小的步驟並分次完成。舉例來說，個案有可能需要申請補助，但卻不知從何著手，會談者可協助個案列出事情的解決程序，並且分天完成。

### (五) 第四步：學習與負面情緒、念頭相處，練習自我憐憫

在一生之中，每個人都會經歷大大小小的低潮，嚴重時可能會陷入憂鬱的狀態。根據美國流行病學研究，憂鬱症的終身盛行率為百分之十六．二，這意味著有百分之十六．二的人曾在一生中的某個時候符合憂鬱症的診斷準則。而經歷過災難與創傷事件的人更是高風險族群，不論其是否逐步恢復，都有可能在短期內具有憂鬱反應。這時會

談者可著重於引導個案對於「憂鬱反應」有適切、健康的態度與觀念，而非將此疾病標籤化。以下觀念對於個案應對自己的憂鬱反應常常是有幫助的：

### 1. 憂鬱反應有時是正常的反應

正如其他情緒一樣，每種情緒都有其意涵與存在的價值，並非有單一、所謂的「最好的」情緒。憂鬱是當人面對失去、失落以及挫折時的反應，此時人們會陷入沉思、省思，有時會獲得更近一步的自我覺察，或是對問題有不同於之前的洞察。英國女王伊莉莎白二世曾說過：「有些難過和痛苦是言語無法撫平的。悲傷，是我們為愛付出的代價。」因此在經歷創傷與災難事件後，具有憂鬱反應很可能是正常的情況，會談者除了進行前述的評估與處置外，亦可給予個案相關心理衛生教育，鼓勵個案視目前的憂鬱情緒為心理暫時「感冒」了，畢竟才經歷一場風雨，這也不是誰的錯，有時能做的就是多照顧自己，讓時間療癒身心。

### 2. 每個人恢復的步調都不一樣，不是比較快就比較好

有些個案會因為自己的憂鬱反應恢復得不如預期的快，而以更為嚴苛、負面的方式檢視自己，因而形成更多自我批判，導致延伸更多的憂鬱反應。如此的自我貼標籤會形

成一個向下的螺旋，進而陷入泥淖之中。這些個案心中常常會有這樣的想法：「我怎麼好像一直心情不好？」「一直都開心不起來，我要怎麼回去上班？」「怎麼好像跟以前不一樣了，以前的我是很開心的。」有些個案預期自己應該兩週就要好了，或是將自己與他人做比較，認為別人好像看起來復原得很快，很快就振作起來了，是不是自己比較脆弱、草莓。對此，會談者可以給予個案相關的心理衛教，建立正確的觀念。簡而言之，要讓個案相信憂鬱有可能是良性的反應，唯有當持續時間、程度超過正常範圍時，才需要特別注意。而且每個人恢復的步調都不一樣，不是比較快就比較好，相較於時間，如何透過這個機會更近一步認識自己，進而學會憐憫自己，才是更為重要的。

### 3. 學習與憂鬱反應相處

剛經歷創傷與災難事件的個案，很可能在短、中期之內，仍然以某種頻率想到負面事件，例如某位親人的離世、自己所遭遇的傷害，或是事件周圍的次發性傷害，例如某位家人說的傷人的話。此外，有時就是不時的掉入憂鬱情緒之中，又或是變得較為敏感、情緒化，以及不太想與人接觸，只想要一個人待著。上述這些都是憂鬱之中的人可能會有的反應，而這些反應或許會持續好一陣子，不論是我們的身體還是心理都需要時間消化、整理，才能夠邁出復原的步伐。這時，很重要的是尊重自己身體與心理復原的步調，我們所要做的事情就是停止加油添醋或強烈抗拒，採取一種接納、尊重的態度。就像天氣一樣，當遇到雨天時，我們可以很煩躁的挑三揀四各種不方便，讓情緒持續被火上澆油，也可以接受雨天就是這樣，放下心中不斷批判的聲音，去感受雨天的各種感官體驗。因此當早上醒來時，感受到心情的低落，就在心底默默地看著憂鬱的到來，但不做進一步的評斷，而是起身去洗把臉，然後泡杯咖啡用咖啡香喚醒自己，接著做原本計畫要做的事情。

### 4. 練習自我憐憫，對自己好一些

自我憐憫（self compassion）簡單來說就是將同情心用在自己身上。當我們經歷失敗、犯錯或感到自己不夠好時，我們選擇對自己溫柔和理解，而不是嚴厲地自我批評，儘管多數時候我們被教育要這樣。當生活中遇到挑戰與困難時，我們會對自己表示支持和鼓勵，而不是冷漠或苛責。研究指出，自我憐憫是我們面對壓力和增強韌性的強大力量之一，能顯著提升我們的心理和生理健康。這促使我們改變並達成目標，不是因為我們不夠好，而是因為我們珍惜自己，渴望幸福。因此不論是早上醒來時、夜深人靜時，

又或是純粹感覺被憂鬱籠罩時，記得好好的跟自己說：「辛苦了，我已經很努力了，跟自己說聲謝謝。」

## 三、其他較少見症狀的應對方式

### (一) 有精神症狀者

當經歷災難或創傷事件後，有些人會出現短暫的非邏輯性思考與怪異言談，其內容多為身處相同文化的我們所無法理解，也不太可能依據常理判斷的。舉例來說，個案也許在看見遺體之後表示那不是親人，真正親人的靈魂已經被置換，因此堅決相信親人仍然以某種方式存活著。此時會談者所要做的並非是與個案討論、爭辯何謂事實，而是在確認其無立即性的自傷或傷人風險後，適度的傾聽與安撫，不做積極性的討論，而後將話題帶到當前可能更為立即的問題，並持續觀察狀況是否惡化。若個案的狀況持續數日未有明顯改善，又或是具有攻擊的可能性，則可邀請個案，陪伴個案就醫，必要時可以通知醫護人員協助轉介至精神科的急診。

## (二) 有認知障礙者

如第四章所述，在特定的創傷或災難事件中，由於個案的腦部遭受撞擊，有可能會出現腦震盪症候群，這是一個常常被忽略且誤認的醫療問題。因此會談者在已知個案經歷的災難、創傷特性後，如有可能涉及到對於腦部的撞擊，可在當下予以衛教說明，簡述腦震盪症候群的症狀，並鼓勵、安排個案就醫，進行相關醫學檢查。

# 第七章 案例示範與說明

## 一、台鐵太魯閣號翻覆事故

個案於一個月內曾經歷火車翻覆事故，經由○○市衛生局轉介，由筆者（臨床心理師）接案，目的為評估個案的心理狀態，了解相關需求並進行協助或資源媒合。在事前所獲得的轉介資料上得知個案為女性，大學畢業，年紀二十四歲，職業為幼教老師，目前於○○市工作，但與男友同居於相鄰的另一市。事故當時因為乘坐的列車離事發車廂較遠，因此受到的影響較小。第一次接觸為電話訪問，主要目標是初步評估，並希望邀請個案至離工作地不遠的○○市心理衛生中心進行會談，若個案沒有意願，將會向個案說明相關福利資源以及詢問持續電話追蹤意願，以電話會談做為後續處遇的主要形式。

**心理師**：您好，請問是陳小姐嗎？我這邊是〇〇市衛生局合作的心理師，敝姓趙，請問您現在方便講電話嗎？大概五到十分鐘即可。

**個案**：嗯嗯好，我現在可以講電話。

**心理師**：很遺憾您經歷了這樣的事情，實在是很難想像。是這樣的，目前〇〇市衛生局已經啟動專案，針對隸屬於〇〇市的火車乘客，都會盡可能地進行相關協助。就我目前這邊收到的訊息，事故當天似乎您身體比較沒有大礙，因此隨即回家，不知道這幾天身體都還好嗎？有沒有哪邊不舒服的？如果有的話，我這邊可以協助通報衛生局，請衛生局與〇〇醫院聯繫，幫您掛號。(a)

(a) 依據第五章（〈協助身處災難情境個案之心理晤談技巧〉）的內容，會談者透過提供實際的幫助（或有用的資訊）來與個案建立關係，並對個案的狀況進行探問。

**個案**：你是說像是有哪邊撞到嗎？身體部份是沒有，也沒有頭暈什麼的，但是這幾天都睡得不是很好，應該是說幾乎無法入睡，覺得整個人很慌張、不知所措。

**心理師**：了解，不少人在經歷這樣的災難事件後，由於這些經驗太過驚嚇了，都會有持續好一陣子的情緒無法平復。剛剛您有提到，這幾天的睡眠狀況不是很好，有失眠的情況，對嗎？經歷這樣的事故，多數人可能都會覺得要安穩的入睡是件困難的事情。(b)

**個案**：嗯……。

**心理師**：絕大多數的人在接下來的時間內會慢慢平復，只是每個人的步調不太一樣。您剛剛陳述的這些經驗不一定是有問題的，只是身體、心理需要一些時間消化。若您願意，不知道您方不方便來○○市的心理衛生中心，方便我當面做相的評估，了解可能的狀況，然後我們看看哪些方式可以協助到您，根據我的經驗，不少人都覺得找個人聊一聊很有幫助。(c)

**個案**：好，謝謝你。那我可以什麼時候過去呢？

**心理師**：不知道後天的下午三點是否方便？

**個案**：嗯嗯，這時間可以。

**心理師**：好，那就約這個時間，您到了之後就跟櫃檯說跟心理師有約，我會事先知會櫃檯人員。

**個案**：好，那就到時候見。

(b)心理師傾聽個案所說的內容並進行同理，將個案所述加以整理與再述，做出些許鼓勵，表達關心與正常化情緒反應。

(c)提供相關心理衛生教育，正常化個案的情緒反應，並邀請個案前來會談，予以鼓勵與讓個案對處遇有信心，但也尊重個案擁有拒絕的權利。

**會談當日**

**心理師**：您好，我是趙心理師，待會兒在評估的過程中我可能會問一些問題，有些會涉及到感受或事故的經歷，如果您覺得不舒服或是不想說的話都沒關係。如同先前電話中提到的，目前針對在事故中的乘客，○○市衛生局已成立專案，在醫療的部份也有資源網絡。這兩天身體感覺還好嗎？(d)

**個案**：身體的部份都還可以，沒有特別不舒服的，但是就像上次在電話中提到的，我失眠的狀況仍然存在，現在也很害怕獨處。

**心理師**：辛苦了，這一切真的不容易。剛剛您有提到失眠與害怕獨處的部份，現在對許多經歷事故的人來說都不好受，任何的反應一定都有它存在的原因。還有其他的部份嗎？您可以試著再多說一些些嗎？(e)

(d) 會談者針對今天的會談做事先預告，並告知個案所擁有的權利。另外，再次提及相關實際協助的訊息，並藉此表達關心，以利關係的建立。

(e) 會談者表達情緒支持與同理，亦認可其情緒，並邀請個案作進一步分享。

**個案**：（面容愁苦，情緒焦躁不安，雙手不停地搓著手指頭）我也不知道該從何說起，我覺得我好像徹頭徹尾的變了，很擔心回不去正常的我。我現在很害怕獨處，根本沒辦法在房間內關燈一個人睡，我都在客廳開著電視等我男友回家，但這幾天他出差不在家，我基本上是在客廳待到早上才回房間睡覺。有些時候會突然感覺到恐慌，就會趕快打電話給男友，但我也知道他只能口頭安慰我，要他放下手邊的工作回來也很奇怪。幼稚園這邊在一開始就問我需不需要休息，我有點後悔說要休息兩週，因為我待在家裡狀況似乎反而更糟了。然後我現在根本就不敢搭捷運，我真的很擔心接下來要怎麼回去上班。(f)

**心理師**：（專注傾聽，適時透過點頭與眼神接觸讓個案感受到被傾聽。）

**心理師**：現在一個人待在家中對您來說是件非常不容易的事情，獨處時的安靜讓您莫名的害怕，要關起燈來睡覺也讓您感到驚恐，這樣無止境的害怕與疲勞轟炸真的讓您感到很絕望，開始擔心自己是不是生病了，會不會好不起來，那接下來的工作又怎麼辦。另一方面，您很希望男友能夠一直陪伴自己，但又知道不能夠過於依賴，他也有自己的工作要顧，這也讓您感到無援與孤單。(g)

(f) 依據個案的分享，從第四章（〈如何辨識可能需要協助的人們〉）的內容來辨識個案所述，可以得知其主要困擾是感覺緊張不安、恐慌、害怕獨處與黑、不敢搭捷運，以及些許的自責與無助。整體而言，個案的反應以焦慮相關及創傷相關反應為主。對此，根據第六章（〈災難情境常見心理議題與介入〉）的內容，會談者依循「如何穩定具有焦慮或創傷相關反應的個案」的介入步驟，進行接續的介入。

(g) 會談者針對個案所述進行同理，這時會談者不僅試著做到「表達出與個案所表達相同的情感與意思」（層次三），也嘗試做到「表達出個案沒有表達出來的較深層的感受」（層次四）。

**個案**：我真的很害怕我是不是生病了。（啜泣，不停拭淚）

**心理師**：（持續傾聽，沉默，讓個案緩一下情緒。）

**心理師**：研究顯示，創傷或災難事件在短時間內會給人們造成很大的困擾，但身體與心理有其韌性及修復機制，絕大多數的人在之後會慢慢恢復，這些都有非常多臨床上的研究所支持。就您剛剛說的，我試著把它整理一下，請您協助我看看符不符合您的經驗。(h)

**心理師**：在經歷火車翻覆事故後，不論是親身經歷或是從各種資訊來源，事故時車廂不僅斷電且困在隧道中，伴隨著人們的尖叫聲，這些都與「黑」以及捷運產生了連結。事發後還令人餘悸猶存，在生活中各種黑的情境又會提醒您事故當下的驚恐感受，導致您害怕獨處、不敢關燈睡覺。這些來得過於強勢，讓您感受到無力改變，男友又不太可能一直陪伴在旁，一切都讓您更近一步的產生了無助、無望的感覺，並且開始對未來感到悲觀。(i)(j)

(h) 會談者適度的情緒支持，並藉由提出相關研究的正面訊息來鼓勵個案，正常化其當前反應。

(i) 會談者使用個案已分享的訊息，將原本看似零散的經驗，以合理的方式組織起來，增進個案對於當前感受的覺察與認識。簡而言之，讓個案知道在經歷災難事件後，其所出現的情緒、想法及行為，皆非獨立存在，而是同屬於一個脈絡。

(j) 根據第六章的介入步驟，會談者目前可以依據物理上的遠近、時間上的遠近，以及嚴重性來判斷（見第一步），得知個案較無實際危險，更多的是心理上的創傷後反應，因此導入安定心神的小技巧（見第二步），以及協助個案安排生活排程，並依情況適度鼓勵個案對交通工具做適當的接觸（見第三步）。

**個案**：對……就像是心理師所說的。其實我有想過要找心理師聊一下，身邊也有朋友這樣建議我。請問我現在該怎麼辦，我覺得我現在基本上就是六神無主，好累但又無法放鬆。

**心理師**：就像剛剛提到的，身體與心理因為不當的學習，將黑與捷運連結到了火車事故，再加上其實事發才沒有多久，您的身體、心理不僅需要時間恢復，又一直誤以為遇到危險，頻頻拉警報。但是這是有辦法處理的，透過專注在一些放鬆技巧上，有助於我們將失衡的身、心重新回歸平衡。現在呢，我們會一起做一個放鬆練習，叫做漸進式肌肉放鬆，我也會推薦其他的放鬆技巧給您，這些在網路上都有很多影片以及教材可以使用，在此我很推薦「身體掃描」。

（心理師帶領個案在當下進行漸進式肌肉放鬆）(k)

(k) 在進行完漸進式肌肉放鬆後，個案感受到久違的放鬆感，由心理師協助進行相關的經驗整理。而後心理師接續展開「第三步：生活排程與漸進式接觸害怕的事物」，協助個案在每日生活中安排放鬆練習，以及由於個案目前怕黑及獨處，與個案討論相關的因應方式及環境的布置。最後鼓勵個案做漸進式接觸，排定每隔兩天做一次挑戰，挑戰的順序為：第一次是到捷運站看與聽捷運，第二次是進捷運站，並在月台上的座位待十五分鐘，第三次是站在月台上等捷運但不上車，近距離感受，第四次是進捷運車廂，試著搭一站。

## 二、地震災民現場介入實例

個案為因地震而房子倒塌，短暫受困後獲救的倖存者，性別為男性，身材中等，年齡目測為五十歲左右。個案身處在離災區現場不遠的臨時收容處，獨自一人面無表情地坐在位子上。心理師為公會臨時組成的災難心理小組的一員，目的是前往該地支援安心關懷站的勤務。由於少有民眾主動至關懷站，故心理師帶著衛教單張主動尋找可能有需求的受災民眾。

（心理師於不遠處便注意到個案，因此步調適中地往個案所在地方前去，並投以眼神的關注。當個案注意到心理師時，心理師點頭示意，趨前開啟對話。）

**心理師**：您好，我是這邊的工作人員，是一位心理師，目前想要了解一下民眾對於現場的相關資源與資訊是否都知悉，有沒有其他需求？在物資站那邊目前有各界所捐贈的物資，包含礦泉水、泡麵，也有熱茶與咖啡等各種食物，有沒有什麼是我可以幫您拿的？(a)

(a) 提供實際的幫助，不論是物資或是有用資訊。有時會談者可先準備好一杯茶（或咖啡），順勢遞給個案並展開對話。

**個案**：（抬頭看了一下心理師，隨即低頭，面無表情。）

**心理師**：目前搜救仍在進行中，這真的很讓人著急，最新的進度每隔三個小時會更新一次，最新的獲救名單會公布在布告欄，而尋獲遺體特徵的照片也一樣會放在布告欄，大體則是會放在鄰近的殯儀館。

**個案**：為什麼只有我獲救，我一個人活下來有什麼意思……。

心理師遞一杯熱紅茶給個案，並在徵詢個案且未有明顯拒絕的情況下，坐在個案旁邊。

**心理師**：現在對許多人來說都是相當不容易，沒有人可以評論您的感受與想法，我相信此時此刻有些感受只有您能夠理解。您願意試著再多說一些看看嗎？這不用勉強，有些人覺得說出來會有些幫助。(b)

**個案**：我不知道該從何說起，我失去了一切……。(c)

**心理師**：（先沉默片刻，不急著說話。）

**心理師**：我試著先從一些詢問開始，如果您不想說的話也可以沉默。在這幾天中，您都還睡得好嗎？會不會有失眠的狀況，例如翻來翻去或是很淺眠……。（心理師依據心情溫度計逐一題項詢問，評估結果顯示個案在3.感覺憂鬱、心情低落；4.覺得比不上別人；5.睡眠困難，皆表示非常嚴重，總分為十六分，在附加題有自殺想法的部份為厲害程度。）(c)

(b) 儘管個案說的話並不多，但從觀察個案的情緒表現與言談內容可以得知，個案應是在事件中經歷了喪親，目前極有可能有憂鬱相關反應。因此會談者徵詢其意見且個案未表達明確拒絕下，坐在身旁並表達關心，認可個案感受，邀請個案適度吐露一些感受或想法，以便做進一步的評估。

(c) 從個案的回應可以知道個案目前可能六神無主，這些衝擊太過巨大，以至於仍無法好好的整理並訴說。因此會談者決定使用心情溫度計，讓訊息的蒐集更為有效、明確。依據量表結果，會談者更加確認個案當前有明顯的憂鬱反應，並有自殺風險，因此除了做自殺風險個案通報外，會談者也接著做進一步的介入。

**心理師**：陳先生，我很難說些什麼安慰您的話，我相信此刻很難有言語可以概括您的感受。透過剛剛的談話，我了解到您有一些負面的念頭，甚至有輕生的想法，我這邊會先幫您做一個通報，但是不用擔心，通報的意思是會有專業的團隊在盡量不打擾您的情況下，看看有什麼可以協助，多數人至少會感受到被關心。但如果您真的覺得很不想要的話，拒絕即可。(d)

**個案**：謝謝你們，我知道你們也辛苦了。但是我想我找不太到活下去的理由，我好後悔，每分每秒對我來說都好痛苦。

**心理師**：雖然我了解的還不是很多，但就您剛剛說的，我感受到您似乎有很多的懊悔與自責，這些感受讓您片刻不得安寧，所以食不下咽也睡不太著，是嗎？(e)

**心理師**：這場大地震讓很多人都心碎了，包括您，這些感受是真實存在的。在接下來的數天裡，就讓我不時的來找您聊一下，屆時您想不想說話都可以，我們也可以一起看看有什麼是現在可以做的，好嗎？如果可以的話，讓我們暫時待在原地不前進也沒關係。(f)

**個案**：謝謝你，但如果有更需要協助的民眾，你也可以去找他們沒關係。

**心理師**：說到這個，目前在收容中心有成立支持團體，許多民眾都在團體中互相交換訊息又或是彼此分享，若您不介意的話，我先幫您報名晚上的團體。此外，您目前有與其他親友取得聯繫了嗎？發生這種事情，想必大家都很關心，但也不要感到壓力，等您準備好了再聯繫也不遲，有些人會覺得與關心自己的家人講述目前的經驗，感覺會比較好一些。(g)

**個案**：團體的部份我昨天好像有注意到，我會再想看看。家人的部份，比較親近的家人、親戚都知道了，我看也有好幾通未接來電，但我現在真的不敢講電話，我怕

我會崩潰。（個案眼眶泛紅哭泣）

**心理師：**（沉默，讓個案緩一緩情緒。）

（接著心理師帶領個案安排接下來幾天的生活排程，以及嘗試一些自我憐憫）(h)

(d) 由於個案在心情溫度計上的自殺題項顯示有明顯的自殺風險，因此心理師進行通報，但也向個案說明被通報後會發生什麼事，以及其仍有拒絕的權利。

(e) 會談者在此試著進行同理，由於個案的情緒十分憂鬱，若詢問其相關感受、想法可能會讓對方更不穩定，增加風險。因此會談者此處僅就已知訊息進行同理，但也是點到為止，目標仍然放在與個案建立關係，讓個案感受到被關心與支持。

(f) 會談者進行同理、情緒認可，並嘗試讓個案對接續的會談有預期，亦是間接讓個案對於不自殺做隱微的承諾，並鼓勵個案相信會談者。

(g) 會談者根據第六章對於憂鬱反應的介入步驟進行第二步，協助個案連結各項社會資源，此處先著重收容所現場的情緒支持團體，並鼓勵個案與親友保持聯繫，使個案情緒能夠獲得抒發，並感受到被關心。

(h) 心理師接著進行第三步與第四步。在第三步時，概念上是暫時擔任個案的生活規劃員，並視現場的狀況作彈性安排。舉例來說，由於現場實際上是缺乏人力的，因此在與個案討論後，個案同意由於自己沒有受傷，可以協助發送三餐，充當機動組人員。如此一來，不僅讓個案有事情可以參與而避免總是沉浸在自責的情緒之中，也透過幫助他人來經驗到正向的感受。此外，會談者經由與個案的討論，也安排好接下來兩天的其他活動，例如參與團體以及與親友聯繫，並約定在隔天的訪視中對參與狀況進行討論。另外，心理師也簡單說明自我憐憫的概念，協助個案在每天吃早餐之前做十分鐘的自我憐憫。

# 第三篇

# 災難之後：心理復健與適應

王鼎嘉臨床心理師

心理創傷是深深刻在內心深處的傷痕，它不時地作痛，提醒著創傷者所經歷的恐怖遭遇。本章節著重描述經歷創傷事件者的心理歷程與會談範例，並以「創傷者」一詞來代稱經歷創傷事件的所有個案，期盼帶領讀者逐步了解與體會心理創傷者的內心世界。然而創傷不一定總是負面的，有些創傷者在復原歷程中發現了不一樣的自己，深掘出自己的生命意義，進而譜出屬於自己與所愛之人的動人生命篇章。

本篇涵蓋許多個案與家庭在面對創傷時所遭遇的挑戰，書中描述了各種家庭和他們的親友在悲傷過程中的經歷，所有人物的名稱和相關身分資料均經過變更。有些故事是根據兩個或多個真實故事混合編寫而成的。

# 第八章 創傷者的心理世界：「認識創傷後的心理狀態」

## 一、心理創傷者的日常生活

創傷可能誘發的侵入與逃避症狀會嚴重干擾創傷者的日常生活，曾被火燒傷的傷者可能在散步時突然感覺自己身陷火場而害怕地逃離公園；經歷強震的創傷者在上班時突然出現地板震動的幻覺及家人慘叫的聲音，嚴重影響他的工作表現；新冠隔離個案在學校上課時聞到醫院消毒水與藥物的味道，喉嚨感受到插管時的梗塞感，讓她聽不進去老師的上課內容，只想盡速離開教室。這些症狀對於創傷者的日常會造成非常嚴重的影響。

## 二、心理創傷者常見的思考方式

### (一) 自我厭惡

有些人在創傷後會不再喜歡自己，也不再想要照顧自己。像是討厭自己的外貌、聲音，不想看到自己的身影（例如照鏡子），或討厭自己曾經喜歡的事物。

### (二) 自我譴責

部份創傷者會以過度嚴苛、貶低的言論來責備自己，例如：「爸媽確診後重症，都是因為我沒有照顧好他們引起的，我是個不肖子。」「因為我貪玩去遊樂園，才會碰到塵爆意外。」「如果我訂了下一班車，就不會讓太太坐上這班失事翻覆的火車，都是我的錯。」

### (三) 自我貶抑

自我貶抑常出現在情緒低落的時候，他們傾向嚴厲地批判自己，用貶抑的詞彙形容自己，例如：「我犯下無法被原諒的大錯」、「我不應該出生在這個世界上」、「我活該受到這種懲罰」。也會貶低自己的能力、表現，例如：「業績表現好只是運氣吧，其實我能力很差」、「公婆說我廚藝還是一樣好，但我覺得不是真心話」。

## (四) 災難化思考

在承受災難後，創傷者會對災難、意外特別敏感，也容易把事情往最壞的方向去想，像是經歷過火車意外的創傷者，當聽到同事出車禍時，可能會覺得「完了，他一定會重傷住院好幾天」、「他大概無法康復」。曾經經歷過新冠重症的康復者也容易對身體健康有災難化思考，像是：「頭好痛，這痛感很不對勁，我可能有腦瘤。」「媽媽開始咳嗽了，大概是肺炎，我必須趕快帶她去急診。」

## (五) 過度解讀創傷造成的負面影響

有些創傷者會過度解讀創傷事件的影響，將其視為無法修復的傷害。例如：「因為車禍，我的生活毀了，我這輩子都只能躺在床上」、「這次的地震讓家被毀了，就算重建起來也不再是家了」、「我受過燒傷，沒有人會再願意接納我了」。這種思考模式會讓創傷者難以察覺自身的進步。

### (六) 否認創傷後產生的情緒

部分創傷者會否認自己有任何創傷後的情緒反應，他們可能表現得過於冷靜或強作堅強，壓抑自己的情緒，例如：「我沒事，我哪有在怕」、「發生這些事很正常，沒什麼好難過的」。這種否認會使得情緒壓抑，進而導致身心健康問題。

## 三、心理創傷者常見的情緒感受

### (一) 恐懼感

創傷者除了對創傷事件感到害怕外，只要是潛意識覺得會威脅自己安全的事件、線索，都會令他們感到恐懼。比如說遭遇車禍者會害怕行車、害怕聽到車禍相關新聞；燒傷倖存者會害怕瓦斯爐的火焰。

### (二) 過度警覺

創傷者十分容易受到驚嚇，有時只是呼喚名字、拍個肩膀，或是原子筆掉到地上，都可能會讓他們受到極大的驚嚇，所以他們習慣時時警惕環境，導致難以放鬆。

### (三) 不安全感

經歷天災、意外、暴力事件後的創傷者會有嚴重的不安全感，他們時常害怕又有意外突然發生，比較敏感的人甚至連在自己熟悉的環境裡（住家、工作環境）和熟人身邊都會感到不安全。

### (四) 無價值感

在長時間自我厭惡、自我譴責後，創傷者會感覺自己是沒有價值的。「我是個沒有用的人」、「我的生命沒有意義」。無價值感是非常危險的訊號，長期的無價值感容易提高自殺風險。

### (五) 罪惡感

許多倖存者會有著倖存者罪惡感，覺得自己活下來但親友死去是件不應該的事。這種罪惡感有時會強烈到讓倖存者希望自己也死去，才能對亡者有所交代。

### ㈥小結

心理創傷會讓人質疑自己的價值，甚至厭惡自己，並且伴隨恐懼、不安全、無價值與罪惡感。當創傷者長期沉浸在這樣的狀態時，對心理健康會有非常負面的影響，也有更高的機率出現其他心理疾病，進一步影響家庭和諧、工作表現與人際關係。

## 四、四種常見的心理創傷病程

面對同樣的創傷事件，每個人會產生不同反應，有人在度過急性期後就能回復日常生活，身心也未受到太大影響，但是有些人會因為創傷事件而出現心理創傷，進而影響身心功能。創傷的病程進展大致可分為四類：

### ㈠高復原力軌跡（Resilience trajectory）

在創傷事件後持續數週呈現短暫的心理症狀，但可以回復相對穩定且健康的生理與心理狀態。

## 圖八．四種創傷軌跡示意圖

Bonanno (2004)

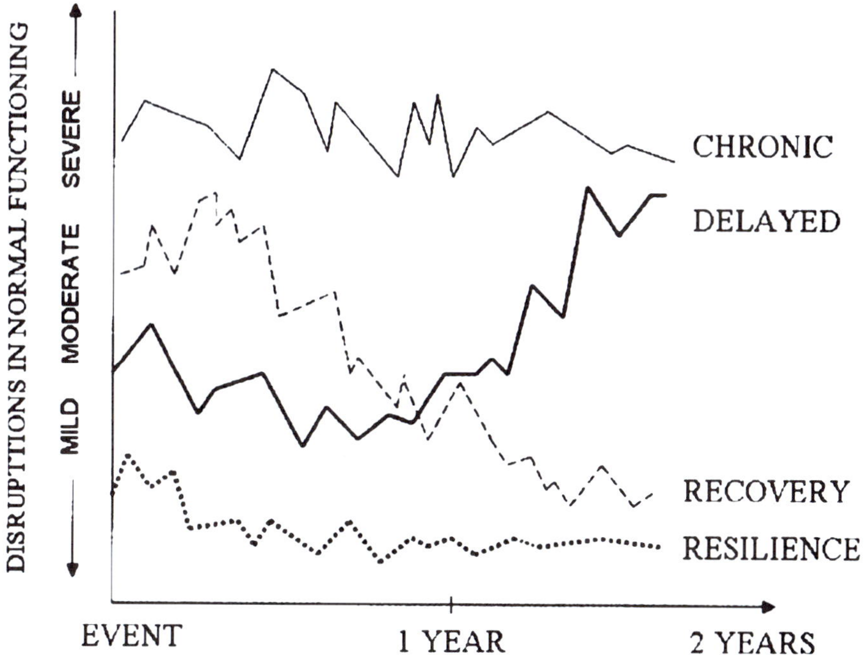


### ㈡ 恢復型軌跡（Recovery trajectory）

在創傷事件後呈現短暫的心理痛苦（Psychological distress），且生活品質明顯受到影響，但在數月後可逐步回復到基礎狀態（Baseline）。

### ㈢ 延遲型軌跡（Delayed trajectory）

在創傷事件後即出現中度的症狀強度，且症狀強度隨著時間發展愈來愈強。

## (四) 慢性型軌跡（Chronic trajectory）

在創傷事件後就呈現居高不下的高症狀強度。

由此圖可知心理創傷的病程可長達一至兩年以上，其中高復原力與恢復型的個案通常可以順利回歸日常生活，但是延遲型與慢性型的個案就非如此，尤其是延遲型的創傷個案由於初期創傷反應較輕微，所以非常容易被忽略。

# 第九章
# 如何和創傷者相處？「陪伴創傷者的技巧」

依據前文的內容，讀者們應該可以感受到創傷者痛苦、恐懼、時時處於緊繃的特質。針對這些特質，我們可以使用以下技巧與創傷者溝通、相處。

## 一、專注參與（attending）

意指會談者運用肢體語言、表情表示全心參與會談，使個案感受到被全神專注的對待。

### (一) 眼神接觸

會談者保持穩定的視線接觸，有助於個案感受到被專心對待。但在個案緊張、害羞時，可以暫時將視線移往個案肩膀、下巴，或看向別處，降低他的焦慮。當個案情緒湧現時，可以穩定且溫柔地看著他，有助於他表達內在情感。

## ㈡ 臉部表情

表情是非語言溝通中，最關鍵的要素之一，許多個案會透過會談者的表情來判斷接下來應該說什麼。當創傷者進入會談因不熟悉而緊張時，會談者宜呈現放鬆、微笑的表情。當創傷者提及創傷事件感到恐懼時，會談者宜呈現關心、略顯擔憂但維持穩重的表情。當個案哭泣時，會談者略為抿嘴、眼神溫和地看著他，呈現關懷的表情。當個案生氣時，會談者眉毛略上挑，呈現自己因事件內容而感到訝異的表情。

這些表情是為了讓個案了解會談者理解他的情緒，因此只要微微呈現即可，若太過誇張可能會影響個案的情緒，或者加深某些負面情緒，對會談反而會有負面影響。

## ㈢ 點頭

在句子結束或個案強力敘述情緒時，會談者略微點一至兩次頭，會讓個案感覺會談者與其情緒同在，以及接受他們所說的內容。點頭的頻率無須太高，過於頻繁點頭可能會讓個案緊張，或者覺得自己應該持續說話。

### (四) 身體姿勢

會談者的身體姿勢會傳遞出潛在訊息，身體前傾意味專心聆聽；身體向後靠表示放鬆；雙手抱胸通常表示防衛，較易讓對方緊張；手放下巴意味著思考；翹腳有時會讓個案覺得會談者較為驕傲或是防衛；以手指撐著太陽穴看起來像是在煩惱。

建議在會談開始時，會談者可以先以放鬆的姿態（身體向後靠，背貼在椅子上）做為起手式，當個案開始說話且慢慢談到核心事件時，和緩的將身體向前傾，暗示此話題為會談者重視的議題。

## 二、傾聽（listening）：

可使用以下技巧讓個案感到會談者認真傾聽：

### ㈠音調

說話的音調稍微放低，會給人穩定的感覺；而輕柔的語調可給人溫和、溫柔的感覺；明亮的語調則可放在使用賦能、肯定個案時使用，會帶來希望感。

### ㈡語速

建議說話速度要比日常語速慢，十秒鐘約二十至二十五個字。碰到焦慮緊張的個案，語速務必放慢，可安定個案。

### ㈢語量

因為會談的重點對象為個案，因此在一般情況下，會談者的整體語量是少於個案的雙方比重可以抓在三比七左右。因此會談者需練習精準、簡短的回應個案的想法與情緒。

### ㈣輕微鼓勵與贊同

碰到羞怯、低自信的個案可以給予輕微的鼓勵，讓他們有力量說出自己的心聲。例如：「能再多聽你說一些嗎？」「這實在難以處理，願意多說一些讓我來協助你釐清問題嗎？」「這狀況好讓人挫折，大多數人都會感到沮喪。」「聽到你願意說出對他的看法，表示你更正視自己的心聲。」為了讓個案表達真正的看法，會談者不宜表達自己真實的立場與評論。但對於低自信、恐懼感較高的個案可以適時表示「贊同」，使個案感覺會談者與自己站在同一陣線，免於被評論的恐懼。例如：「我也曾經有過這種感覺」、「這件事情好難處理啊」、「真的，這實在讓人生氣」、「你為家庭做出的付出是有意義的」、「哇，這是個好機會呢」。

### (五) 盡量不打斷

大多數個案可以透過訴說、對話來對內在狀態產生覺察，所以讓他們暢所欲言是重要的。會談者不宜阻礙或讓個案分心，並運用前面的技巧使個案自發的表達、訴說。

### (六) 沉默

沉默是一種會談中有意義的短暫暫停。多數文化不習慣在交談中有中斷的感覺，因此會滔滔不絕或另開話題來避免沉默。但在會談中，沉默是一項重要的技巧，因為它給予雙方思考、感受當下的機會。

使用沉默的好時機包含「當個案在思考時」、「當個案沉浸在情緒中」、「當個案在組織內容時」。具有同理心的使用沉默會讓個案感覺會談者注意到他的心理狀態，感受到自己正在被等待、陪伴與被尊重。新進會談者容易對沉默感到不自在，覺得自己應該說點什麼來避免對話中斷，這通常是因為會談者過度注意自己的表現，擔心個案如何評價他們所致。筆者建議會談者可以深呼吸一下，專心想著個案以及個案心中所想的事，避免過度聚焦在自己身上，通常就可以找回與個案的連結。

有時個案也會因為初次體驗沉默感到不自在，覺得自己該說些什麼避免這種安靜的場面。會談者可以對他說：「好像安靜時比較讓人緊張？」通常個案會尷尬的笑笑回應「是」。此時會談者可以溫和的說：「我們不說話時，可以提供一些時間讓自己沉澱、思考、體會感受。請不用擔心我的感覺，在會談過程中你擁有選擇何時說話的權利，我會完全尊重你的考量。」通常在幾次沉默的經驗後，個案會和會談者建立更穩定的治療關係，以及表達得更多。

# 第十章 各種面貌創傷者的處理建議

心理創傷會以各式心理症狀來呈現，焦慮、憂鬱、恐懼是最常見的症狀表現形式。筆者希望強調「心理創傷為因，症狀表現為果」的觀念，也就是說，這個症狀的源頭其實來自於心理創傷，所以當會談者處理好症狀之後，就要往內在創傷處理。接下來會呈現各種樣貌的創傷者，在此先教導讀者如何處理表層症狀，接著再處理內在創傷。

## 一、長期焦慮緊張的創傷者

在經歷創傷之後，許多創傷者都會容易感到恐懼、焦慮、擔憂（詳細症狀請參照第章），大部份的人會在一個月內逐漸緩解，但是有些受傷前就容易緊張的個案，在經歷創傷事件後會變得更加緊張與憂慮，似乎任何一件平凡的事都能讓他操煩整天，最後影響家庭、人際及工作表現。

## (一) 長期焦慮緊張的特徵

### 1. 坐立不安、感覺緊張

焦慮的個案常呈現緊繃、警戒的樣子，他們似乎很難停留在一個空間裡太久。會談時可以觀察到他們搓手、抖腳、不時變換姿勢、眼神飄移、不自覺地把玩周邊物品（手機、筆等），下意識的把東西從包包裡拿出來又收回去等，給人靜不下來的感覺。

### 2. 說話快速、注意力難以集中、易分心

焦慮者通常說話很快，滔滔不絕的語量會讓人感到壓力。同時因受到焦慮症狀的干擾，他們也有注意力的困難，較難專心完成需要專注力的事（例如對帳、簿記、讀文章、聽課等），很容易被自己的擔憂想法或外界刺激拉走注意力。

### 3. 憂慮想法多、時常擔憂生活事件

過多的憂慮想法是焦慮者的主要症狀之一，他們時時在擔心各種事件的發生，從身

體、自己、他人到未來，都可能是擔心的項目。例如擔心手上的黑痣是癌細胞、擔心孩子晚回家是出了車禍、擔心父親跌倒是因為中風、擔心同事會因為自己請病假而討厭自己。上述的想法或許我們都曾經經歷過，可以經由查證、向專家請教而逐漸消失。但是對焦慮者而言，這些想法會在腦中迴旋不去，造成生活上嚴重的干擾。

### 4. 睡眠困擾

焦慮者經常有睡眠的問題，包含入睡困難（躺下後輾轉三十分鐘無法入眠）、淺眠易醒（容易被外界刺激吵醒）、難再入睡（例如去廁所後難再睡著）等現象。

### 5. 身體化症狀

身體化症狀是心理學名詞，指的是因過度焦慮而產生的各種身體狀況（下此診斷前需先經各專科醫師排除是否有其他疾病影響）。身體化症狀包含頭痛、頭暈、肩頸痠痛、腸胃不適、手腳痠麻、突然看不見等現象。

## (二) 心理介入程序與案例

### 1. 抒發情緒

焦慮者在他們坐立難安、滔滔不絕的外表下，通常藏著許多委屈與情緒。然而新進會談者容易聚焦於處理焦慮者擔憂的事情，因此忽略了檯面下隱藏的情緒。通常我會快速的簿記它們的各種擔憂（盡量原句完整抄下），用視覺閱讀文字下潛在的情緒，用聽覺去感受個案說話時的情緒。例如一位四十二歲女性，語氣急促、大聲的說出：「你不覺得我女兒會再次確診嗎？到那時候都沒有人發現怎麼辦？我要怎麼預防這樣的事發生？我已經每天消毒、噴酒精、快篩，但還是很擔心啊，我想這些事情想到睡不著，真的不知道怎麼辦。」從這段話我們可以讀出她的擔憂為 (1) 孩子再次確診。(2) 害怕意想不到的感染突破自己布下的衛生防衛措施。同時我們也可以感受到她表層的情緒有「緊張、擔心、生氣」，但細心的讀者應該會感受到她更深的情緒為「恐懼和疲倦」。此時我會試著用一句話在筆記上摘要對她的側寫，以這位個案而言，我會寫下「一位充滿恐懼又疲倦的母親」，這會有助於施展後續的同理技巧。

潛藏的情緒會帶給人巨大負擔，且常常以焦慮來表現，因此會談者要協助個案抒發潛藏情緒。以這個案例而言，我會先從表層情緒來接觸她，看看她是否有回應情緒交流的能力。

**會談者：**「聽起來有許多事讓妳擔心，同時我也感覺到妳有些生氣」

**個案：**「對啊，我很生氣耶，為什麼都是我在做這些事？好像全家只有我一個人在意孩子的健康，你不覺得很不公平嗎？」

從上面的對話可以看到個案以情緒在回應會談者的問話，她開始表達出生氣，也吐露了她生氣的原因。當個案能回應情緒時，我們便可嘗試碰觸更深層的情緒。

**會談者：**「全家好像只有妳一個人在意孩子的健康是嗎？」

**個案：**「對，每天消毒的是我、做快篩的是我、家事也統統是我做，我自己也害怕確診啊，但還能怎麼辦？」

**會談者：**「我聽到妳說害怕，妳願意跟我說說當妳害怕時的感覺嗎？」**（嘗試碰觸潛在情緒：恐懼）**

**個案：**「害怕就害怕啊，要怎麼說？」

**會談者：**「我們用害怕孩子再次確診這件事情來試試看，當妳想到這件事時，有沒有什麼感觸呢？」

**個案：**「我覺得很不安，我很害怕她會因為確診死掉，我不想要這樣。」

（沉默）

**個案：**「她是我們好不容易人工受孕生下的孩子，從小就容易生病，她真的……真的很危險。」**（哽咽、流淚）**

**會談者：**「我感覺到妳很愛她，若失去她妳會感到很痛苦，所以妳竭盡所能避免這件事發生。」**（進行深層情緒同理）**

（沉默、哭泣）

**個案：**「你說的很有道理，我可能很害怕失去我的小孩，所以才會這樣。」

從上面的對話可以看到個案潛在的恐懼被碰觸到了，開始以哭泣抒發情緒，這是健康情緒抒發的現象。接下來要碰觸另一個潛在情緒：疲倦。

**會談者：**「在這段過程中，我看出妳努力的在避免害怕的事情發生**（重述她所做的措施，讓個案感受到被傾聽）**。但同時我也擔心這樣的工作量對妳造成的負擔**（以關心的態度碰觸疲倦這個感受）**。」

**個案：**「負擔嗎？可能有一點吧，我有時候覺得好累，累到躺下來就可以睡著的那種。」

**會談者：**「這種時候妳允許自己休息嗎？」**（稍微使用面質的技巧探測個案）**

**個案：**「我想一下。」

（沉默）

**個案：**「我覺得我沒有，我只要做完一件事就想再做下一件事，我好像不敢停下來。」

**會談者：**「我想和妳談談不敢停下來這件事對妳造成的影響。通常人在做重複的事情時，他們會感到疲倦。」**（協助命名情緒）**

**個案：**「我也是，我覺得好累、好疲倦，好想休息。尤其是幫孩子快篩完之後我覺得特別累，明明我應該要因為是陰性而高興或鬆一口氣，但我沒有。」

**會談者：**「妳似乎很難放下自己的責任，認為要貫徹始終。」

**個案：**「對，我覺得不這麼做不行，一定要做到疫情結束才能罷手。」

**會談者：**「但這麼做讓妳感覺？」

**個案：**「我很累。（沉默）或許我該休息一下了。」

我們可以從這段對話看到個案由激動、焦躁的狀態，逐步先碰觸淺層情緒（生氣），待確認個案有情緒回應後，再嘗試碰觸深層情緒（恐懼、疲倦），最終達到抒發情緒的效果，進而讓個案穩定下來。

## 2. 列出擔憂問題

當個案情緒抒發完成後，焦慮也會隨之降低，此時就非常適合陪他條列式的列出他的擔憂。請記得在處理焦慮個案時，具體明確的步驟會讓他們感到安心。我們承接上面四十二歲母親的案例繼續說明如下：

**會談者**：「談完情緒以後，現在有什麼感覺？」

**個案**：「覺得滿輕鬆的，比較不緊張，腦海中的想法沒這麼紊亂。」

**會談者**：「這是個好現象，表示焦慮下降許多。我們不妨趁這個狀態來整理一下擔心的事情，妳覺得如何？」**（具體明確的表達接下來要進行的步驟）**

**個案**：「好啊，所以我要說出擔心的事情嗎？」

**會談者**：「是的，妳說的時候我會做紀錄，列出妳擔心的事情有哪些。」

**個案**：「我擔心病毒，害怕被傳染。我也一直擔心清潔方面有疏漏的地方，使用過的東西都要用漂白水擦過才行。」

**會談者**：「我在聽，請繼續說。」

**個案**：「我煩惱要不要先讓父母吃抗病毒的藥，聽說先吃清冠一號會有幫助，我超怕他們得病被送去隔離。還有剛說過擔心女兒又確診，聽說二次確診很容易腦霧（brain fog），她這麼小，如果腦霧跟不上學校進度怎麼辦？」

**會談者**：「聽到現在，我整理出幾項妳擔心的事情（寫在紙上列出給個案看）。一是擔心父母、孩子確診，二是煩惱要不要先吃抗病毒的藥，三是擔心清潔有疏漏。這樣對嗎？」

**個案**：「差不多就這樣，但很奇怪，怎麼列出來以後其實沒有很多事？」

**會談者**：「焦慮會讓思緒像跳針一樣重複盤旋，讓妳誤以為事情都做不完，但其實事情並不一定很多。」

### 3. 焦慮、擔憂的問題排序

當列出個案的問題之後，需要陪同他思考解決問題的優先順序，可以用「緊急性」、「必要性」來評分。

**會談者**：「我們有了很大的進展，已經找出讓我們擔憂的事情，現在要做的事情就是決定處理的優先順序，我們會依事情的緊急性與必要性來進行評分。緊急性的意思是指事情急迫的程度，以0－10分來劃分，10分指的是有生命危險，必須立刻處理的程度。必要性指的是這件事處理的必要程度，比如說得了癌症必須要使用化療藥物進行治療會被列為10分。以擔心父母確診來說，妳認為緊急性、必要性分別為幾分？」

**個案**：「這樣講起來的話，緊急性其實不高，因為他還沒有得病，大概是1—3分吧？必要性的話好像也很低，因為並沒有任何事情發生，我有必要擔心嗎？」

**會談者**：「很好，我感覺妳產生了新想法，注意到擔憂的事情通常是尚未發生的事，所以在緊急性和必要性上都不高**（具體肯定個案的想法轉變）**。由於我們需要具體化分數，妳可以決定它的分數嗎？」

**個案**：「那緊急性2分，必要性1分。」

**會談者**：「非常清楚具體。那擔心女兒確診這個想法會怎麼給分？」**（請注意會談者除了具體化個案的擔憂外，特別使用想法這個詞來暗示個案的各式擔憂均屬於預期性的思考，所以不一定會發生。）**

**個案**：「女兒的話，跟父母比起來，其實女兒已經確診過了，她就算再確診一次，也已經有抗體可以應付，而且年輕人好像症狀比較輕？我想緊急性應該1分，必要性1分。」

**會談者**：「我很同意妳的看法，新冠病毒對年長者的影響通常較大，年齡會是一個保護因子，所以我覺得妳的評分客觀合理**（再次具體肯定個案以理性判斷後的評分）**。那再來是跟醫療決策有關，讓父母使用抗病毒藥物這個想法，妳會如何評分？」

**個案：**「如果以我自己的觀點來看，我可能會覺得緊急性有8分，必要性9分。」

**會談者：**「可以了解為什麼嗎？」**（個案出現了極高的評分，會談者應該澄清她的判斷標準）**

**個案：**「因為不先服用抗病毒藥物的話，他們若得病不就會有生命危險？如果因此重症死亡怎麼辦？所以當然有必要先服用。」

**會談者：**「我理解妳非常關心父母的健康，但妳可能忽略了這是一個醫療決策，我們必須考量當事人和醫師的觀點才能做出決定。」**（帶入第三方專業意見通常可以降低個案的焦慮，以及提高決策的正確性）**

**個案：**「所以你希望我去問醫生？」

**會談者：**「是的，我會建議妳可以陪同父母一同去看醫師，依照他們過去的病史和目前身體狀況來評估是否要預先投藥，最終決定用藥與否也要尊重父母的個人意願。」

**個案：**「知道了，這樣講也有道理，其實他們都有慢性病，給醫生評估一下也好。」

**會談者：**「好的。我看到妳的表情有點改變，怎麼了嗎？」

**個案：**「我覺得好像鬆了一口氣，因為我不用自己承擔所有決定，感覺輕鬆很多。」

**會談者：**「當我們想要保護自己關心的人時，通常會不自覺接下他們的責任。我想這表示妳很愛妳的父母，因此為他們非常操煩。我們正在用理性思考對他們有益的方式，相信這對他們會有幫助的。」**（同理個案，並予以賦能）**

**個案：**「謝謝你。我可能太關心他們到都忘了他們也應該要參加決策，我其實不用一個人擔心。接下來你應該要問我最後一件事情的評分了吧？關於怕沒打掃乾淨這個想法，緊急性應該是1分，必要性應該是5分。」

**會談者：**「很好，所以總分最高依序是打掃6分、擔心父母確診3分、擔心女兒確診2分。看了這樣的排序以後，妳有什麼感覺？」**（引導覺察焦慮下降）**

**個案：**「我覺得其實事情沒有我想像的多，也沒有這麼擔心了，大概就是每天清潔照做，陪爸媽去找醫生諮詢，最後再關心女兒。」

**會談者：**「我感覺在焦慮下降之後，妳的決策變得清晰，態度也變得堅定，相信這些會對自己和家庭都有正面的幫助。」**（點出改變，給予希望感）**

### (三) 臨床案例：創傷後之長期焦慮者

五十五歲的A先生在兩年前確診新冠肺炎，他和同住家人被送往隔離病房接受隔離與相關治療。他的八十歲父母被送去甲院，自己被送去乙院，妻子與十六歲的兒子在家自主健康管理。他在住院時被診斷具中等程度的肺炎，除了接受藥物治療外，醫師曾經評估預防性插管的必要性，但最終並未執行。在住院期間他非常擔心父母與自己的病況，也對於預防性的插管治療感到恐懼，後來出現了明顯的焦慮與恐慌症狀。最終他於住院兩週後離院，全家於三週後平安團聚。

然而在出院之後，他出現了腦霧症狀，短期記憶功能暫時性的下降，常常會忘記工作的瑣事，也常忘記早上和家人的對話，因此對當時的工作表現造成影響，幾乎失去工作。大約半年後他的短期記憶逐漸回復，工作表現也重新上軌道，但是他變得很容易緊張、憂慮、急躁，太太形容他做事像暴風雨一般，又急又快且容易生氣，因此建議他來參與心理治療。

A先生已參與了八次心理治療，焦慮相關的行為明顯減少許多，也和心理師建立了信任關係，但疫情期間的心理創傷仍對他造成影響，因此心理師將治療帶入處理心理創傷的階段。以下說明創傷的處理程序。

### 1. 確認創傷事件

**會談者：**「你覺得我們今天可以來談談兩年前住院的經驗嗎？」

**個案**：「可以。」

**會談者**：「當你聽到我提到住院時，你感覺到什麼？」

**個案**：「我有種潛在的恐懼，那種恐懼好像在警告我不要想這件事。我心跳已經開始變快了，有種想要站起來離開的感覺。」

**會談者**：「這很有可能是創傷引發的逃避反應。請問你最近仍有住院場景突然侵入腦海中的狀況嗎？」**（確認創傷相關反應）**

**個案**：「有，上週開車回家突然聞到隔離病房和消毒水的味道，感覺好像呼吸器又重新被戴上去，甚至閃過幾幕病房裡的畫面。」

**會談者**：「我想這表示創傷仍在影響你，我們可以再深入一點談談嗎？如果你感到不舒服，隨時都可以停下來喔。」**（討論創傷容易勾起恐懼的情緒，為了讓個案維持控制感，可以讓他們決定何時停止、開始話題。）**

**個案**：「知道了，我想試試看。」

### 2. 談論個案如何解讀（appraisal）創傷事件

**會談者**：「我們過去提過在住院期間，你和家人經歷過的事，這些事情回想起來都讓人

餘悸猶存。我們先從哪些事情談論起會讓你感到比較安全？」**（持續讓個案維持控制與選擇的權利）**

**個案：**「我想先談談父母親。你記得我和爸媽被送到不同醫院嗎？」**（心理師點頭，以肢體語言回應可以避免中斷個案思緒）**

**個案：**「當時衛生局派來來接我們的人告訴我們病床都滿了，只能把我們分送到不同醫院。在當下看到這麼多人來，我和太太都很慌亂，有試著跟派來的人溝通，但是他們也無能為力，畢竟我們也知道醫療量能緊繃。」**（心理師點頭，身體前傾，暗示個案繼續訴說。）**

**個案：**「我匆忙的打包行李，很急促地跟爸媽說要被隔離了，你們動作快一點。我的爸爸是做粗工的，你知道就是傳統大男人的樣子，雖然他看起來很鎮定，但我知道他很害怕。我媽媽是家庭主婦，爸爸說什麼她就跟著做。但是我看到他們在整理行李時，我感覺好害怕。」（停頓）

**會談者：**「你害怕就此天人永隔嗎？」

**個案：**「對！我當時就在想會不會是最後一面了。」（大聲哭泣）

**（沉默，給予個案時間經歷情緒，以非語言表達（身體前傾、表情微顯難過），呈現支持。）**

**個案：**「我們本來就很少談心事，但看到爸爸故作堅強的樣子我覺得很難過，他其實是不想讓我們擔心才表現得若無其事。」（持續哭泣）

**會談者：**「覺得當時應該多幫他做點什麼嗎？」**（引導覺察深層感受）**

**個案：**「我應該繼續幫他爭取能待在同一家醫院，應該打給衛生局或者用所有資源來爭取這件事。說不定請民代幫忙也可以，新聞不是常有這些事情嗎？」

**（心理師感覺個案正在離開專注於內在的狀態，開始脫離主題往解決問題的方向走，因此要嘗試將個案重新拉回。）**

**會談者：**「在疫情爆發時，大家都很難如願的安頓自己和家人，希望你不要太苛責自己。另外，在你談論這些事時，我感覺到一些複雜且強烈的情緒。這些情緒讓你很不舒服，因此讓你想做點事情來抵銷它，不知道你有沒有感覺到。」

**個案：**「可能有吧，不然我不會哭，但我說不出來是什麼。」**（個案開始對情緒有些覺察，此時宜持續引導。）**

**會談者：**「剛才你說了許多早知道自己應該做的事，這可能表示什麼呢？」

**個案：**「表示我想為他們多做一點？」

**會談者：**「很好，我們在什麼情況下會想要多為別人多做點事呢？」

**個案：**「我覺得我好像想彌補他們，當我想到這裡時，我感覺很難過，我應該再多做點什麼，但已經來不及了。」（哭泣）

**（沉默，陪同個案經歷情緒，等待他的解讀。）**

**個案：**「我感覺，感覺很愧疚啊，我好後悔當時沒有再多做點什麼，才讓父母親受這麼多苦。」（大聲哭泣）

**（沉默，持續以非語言方式表達支持）**

**會談者：**「我想我們可能找到了你對創傷事件的評價了，你對整件事情感到愧疚，覺得自己沒有盡到照顧父母應有的責任。」

**個案：**「似乎有道理，我常常夢到他們生病或者出意外，這應該表示我很害怕他們出事，而且在夢裡的我感覺很不知所措，只能眼睜睜的看著事情發生而救不了他們。」

**會談者：**「你會責怪自己的無力嗎？」**（以面質技巧點出個案的矛盾點）**

**個案：**「我不確定……理智上知道我已經做了我能做的，但是好像一直覺得做的不夠，我必須做更多。」

**會談者：**「這會不會也和你平常的焦躁有關呢？」**（引導覺察深層焦慮的來源）**

**個案：**「完全沒有想過這之間的關聯，但隱約覺得這兩者間有關係。你覺得會不會是我心裡覺得自己很無力，所以想要更多來彌補，因此平常才會這樣急躁、焦慮、緊張？」

**會談者：**「我覺得你的分析很有道理，如果我們潛意識認為自己是不足的，就會傾向做更多事情來證明自己並非如此。太太也觀察到這個狀態，所以形容你變得比以前急躁易怒。此外，你似乎對創傷事件的深層解讀是因為自己的不足，才導致後續事件發生，進而引發後悔、愧疚的情緒。」

從A先生的狀況我們可以看出焦慮與潛意識的關聯，他平常可能就有無力感的狀況，經由這次住院事件後，他的無力感被大大增強了，無法協助父母、控制自己的健康似乎讓他更深信自己是無力的。我們可以試想，倘若天天覺得自己是無力的，是不是會愈來愈擔心，害怕面對每天工作與生活中的挑戰呢？因此在心理治療中，讓個案看到焦慮的源頭是至關重要的，當我們處理好源頭後，後續的焦慮、恐懼、不安症狀就會大幅減輕。

## 二、憂鬱想輕生的創傷者

許多創傷者都會經歷憂鬱情緒，憂鬱通常會在焦慮症狀發作後一至二週出現，約持續一週後會自然消退。但是有些創傷者的憂鬱會持續數週至數月，甚至出現輕生的想法，此時就需要精神科醫師、臨床心理師等專業協助介入。

## ㈠憂鬱者的特徵

### 1. 思考型態轉為負面

憂鬱者受到憂鬱病程的影響，思考會變得負面，容易過度注意生活中的負面線索，對事件的負面解讀也明顯變多，難以思考正向線索的意義。例如打招呼時對方未回應，可能會解讀自己被討厭；工作未完成會傾向責備自己能力不足；考試未考過則會認為未來可能都考不過了。

### 2. 情緒低落的時間超過兩週

人都會有情緒起伏，同時也有自我調節的能力。當情緒過高、過低時，大腦會調節腦內神經物質的濃度以回到平衡狀態，人也會使用各種方式讓自己回到情緒穩定的狀態。但是憂鬱者受到病程的影響，自我調節能力也會降低，因此情緒低落的時間大幅拉長至兩週以上，且幾乎每天都可以觀察到他處於低落情緒中。

### 3. 思考與動作變得緩慢

和憂鬱者熟識的人可以很明顯的發現到他們想事情、說話速度、回應的時間都變慢了。他們看起來會給人若有所思的感覺，似乎心事重重。有些人的走路速度、做事速度（工作、家事等）也都變得緩慢，效率明顯下降許多。

### 4. 難以感受正向情緒，悲傷與無望的感受變多

憂鬱病程會使人很難感受到快樂、希望、愉悅、期待等正向情緒，他們時常處於悲傷、痛苦、沒有希望的感覺之中。若仔細觀察，會發現他們面部表情變少，即便出現正向情緒也可能在幾分鐘後就消失，難以持續。

### 5. 疲倦感增加

感到疲倦是憂鬱者常見的現象，這和疲勞可以藉由遊戲、休息、放假而消除是不同的感受。憂鬱者的疲倦感受可維持整天，即便做了休閒活動、休息，仍然會感到揮之不去的疲倦。而疲倦是憂鬱者較願意表達的狀況，通常他們會用好累、沒有力氣、不想做事等社會較能接受的語句表達，因此很容易被忽略或低估他們的身心狀況。

## (二) 心理介入程序與案例

二十四歲的B小姐是一位八仙塵爆的倖存者，她在災難後身體燒傷面積達百分之四十，燒傷範圍涵蓋四肢與頸部。她經歷過兩次重建手術與兩年復健，在災難後第三年因憂鬱症狀與自殺意念決定參與心理治療。

第一次在治療室看到她時是夏天，她穿著長袖外套、長褲，外套領子拉到最高遮住了她的頸部並戴著口罩。她緩緩走入治療室，禮貌地打了招呼後慢慢坐下。她談吐有禮，說話語速較慢，在簡短的自我介紹中，她簡單帶過了參加心理治療的目的後即陷入沉默，眼光看向窗外不再說話。

### 1. 深度同理與耐心

憂鬱者在他們淡漠的外表下，內在通常埋藏著諸多情緒，常見的情緒包含痛苦、挫折、無力、悲傷、孤單、失去希望、羞愧等感受。由於面對這些感受太過難受，因此憂鬱者通常會將這些情緒深藏內心。前段提過憂鬱者的特徵，部份憂鬱者會有心理和動作速度變慢的狀況，因此會談者需要提供更多時間與耐心來等待他們思考或感覺當下。

**會談者**：「B小姐您好，歡迎您來參加心理治療，請問有什麼我可以幫忙的地方嗎？」

**個案：**「家人說我有憂鬱症，覺得我應該來看心理師。」

**會談者：**「家人說您有憂鬱的現象，您怎麼看呢？」**（將會談重心帶回個案身上）**

**個案：**「不確定，或許有吧。」

**會談者：**「您願意多說一些嗎？」

**個案：**「朋友說我看起來不一樣，他們形容是變得不快樂，不像之前的我。」

**會談者：**「這樣的狀況會讓您感到困擾嗎？」**（再次把重心放回個案本身的感受上）**

**個案：**「我不確定，有些事情似乎和以前不一樣了。」

（個案看向窗外，會談者點頭後沉默，等待個案。）

**個案：**「我不知道要說什麼。」

**會談者：**「或許我們再給自己一些時間想一下？」

**個案：**（雙手指尖撐在額頭，身體前傾，手肘放在膝上不發一語。）

（維持沉默，等待個案約一分鐘。）

**會談者：**「或許我們可以從現在的感覺開始說看看？比如說您正在想什麼？心裡正在經歷什麼狀況？」**（會談者在等待後，注意到個案可能有起始困難的情形，故邀請個案描述此時此刻的狀態。）**

個案：「覺得心裡一直重複想著一些事情，很難用言語表達。」

會談者：「這樣重複思考，會不會讓您感到疲倦呢？」**（開始同理個案）**

個案：「很累，感覺沒辦法從這些事情裡抽離，我不知道該怎麼停下來。爸媽常叫我不要想了，但就是很難停止。我試過追劇、出門走走來轉移注意力，但是還是很難停下來。」

會談者：「像是音樂不停重複，但按了停止鍵也沒辦法關掉嗎？」

個案：「差不多，我已經不想再這樣了，但是不知道怎麼做。」

會談者：「感覺您有些無力，對這個狀況感到束手無策。」

個案：「對，我真的不知道該怎麼辦，大家都叫我不要想，要放下不要想太多，但是事情沒有這麼簡單。」

會談者：「旁人的建議可能讓您感到挫折，也會讓您覺得沒有人理解您。」

個案：「你說……不被理解嗎？」

會談者：（點頭示意）

**（個案沉默，會談者觀察並等待。）**

個案：「好像有這種感覺，他們……（沉默）」

（會談者身體前傾，示意仔細聆聽。）

**個案：**「我知道他們是好意給我建議，但是……（沉默），但是這些建議讓我覺得很有壓力，他們似乎沒有理解我怎麼了，只是給我一個又一個的建議……但是我不該批評對我好的人。」

**會談者：**「在這個空間裡，我希望能聽到您真正的感受。」

**個案：**「我的感覺嗎？（沉默）我覺得，我覺得沒有人真的懂我，感覺很傷心。」

**（個案默默地流淚，會談者點頭表示理解，並等待個案經驗此時此刻的情緒。）**

**個案：**「在燒傷之後，我做了兩次重建手術，你知道就是要取自己身體好的皮膚補燒傷傷口的那種手術，不然我手肘沒辦法彎。爸媽都陪在我身邊，朋友也一直幫我加油，說會陪我撐過手術。很感謝他們的陪伴，手術也順利完成，但是我覺得自己好像不能停下來，要一直往前進步。」

**會談者：**「有時候親友的支持會讓您覺得自己不該表現出不好的樣子。」

**個案：**「對。久而久之，我愈來愈不敢說我的狀況是如何，我只敢講哪裡有進步，又做了什麼努力。他們愈是肯定我，我愈感到壓力。（持續哭泣）

**會談者：**「一次次的經歷沒有人理解自己的感覺。」

**個案：**「對。」

## 2. 憂鬱症狀心理衛生教育與情緒狀態評估

多數個案對於憂鬱的症狀並不是很了解，若提供憂鬱的心理衛生教育給個案可以提升症狀覺察能力。此外，憂鬱者長時間處於低落情緒中是常見的現象，但其實他們的情緒並不會維持不變，仍會隨著內外在狀況起伏。比如說憂鬱時吃到好吃的東西、看了喜歡的電影、和好友相聚這些都有助於情緒提升。但是憂鬱者傾向認為自己總是處在低落狀態，不會有情緒提升的時候，而這樣的想法會讓他們覺得自己沒有希望，更加深情緒低落的狀態。因此協助憂鬱者客觀的評估自己情緒狀態是重要的，讓他們練習觀察自己情緒的變化。以下將示範如何進行簡易的情緒評估。

**會談者：**「B小姐，剛剛我們談到了不被理解的感受，您現在有什麼感覺呢？」**（引導個案體會此時此刻情緒）**

**個案：**「感覺好一點，好像心裡比較輕鬆。」

**會談者：**「最近有經歷過這樣輕鬆的感覺嗎？」

**個案：**「很少，大部份時間都是心情不好的狀態。」

**會談者：**「可以多說一些嗎？」**（以開放式問句讓個案自由回答可以增加自我控制感）**

**個案：**「嗯……常常感覺不到快樂吧，很容易去思考不好的事情，像是手術會失敗、會找不到工作，有時候也會疑惑為什麼要做這麼多努力，常感覺疲倦、反應變慢、不想做事。」

**會談者：**「我想您剛剛提的狀態和憂鬱很有關係，您對憂鬱相關疾病有什麼了解嗎？」**（評估個案對於憂鬱的理解程度）**

**個案：**「很常聽到憂鬱症，或許我也有吧。印象中憂鬱症就是心情不好，可能會想自殺？」**（此段顯示個案對於憂鬱症狀的理解較少，只知道心情不好與自殺，因此需要給予憂鬱心理衛教。）**

**會談者：**「聽起來對憂鬱症已經有基本的認識了，這是很好的開始。您介意我再多跟您說一些憂鬱相關的重點症狀嗎？」

**個案：**「好。」

**會談者：（說明憂鬱症狀，請參照第一點憂鬱者的特徵。）**

**個案：**「了解，所以我應該也有這些症狀了。」

**會談者：**「我想是的，但症狀也有輕重程度之分，接下來我想了解您的症狀嚴重程度。我想請您回想自己情緒狀態最平穩的經驗發生在什麼時候？」**（進入情緒評估階段，定錨「平穩」狀態。）**

**個案：**「大概是在大一的時候。」

**會談者：**「可以再多說一些那時候的背景、狀態、感覺嗎？」

**個案：**「應該是大一下學期開學時，當時我成績不錯，和社團同學辦了些成功的活動，覺得自己狀態蠻穩定的。」

**會談者：**「可以麻煩再說明一下穩定的感覺嗎。」**（個案描述越多，可以更增進個案對該狀態的感受。）**

**個案：**「像是不太容易生氣、不容易激動，也比較少憂鬱，感覺心情蠻平穩的。」

**會談者：**「很好，這種狀態是情緒的基準線（baseline），以0到10分來看，我們把它定義為0分。接下來想麻煩您回想情緒最低落的一段時間。」**（定錨「最憂鬱」狀態）**

**個案：**「大概是在燒傷之後吧，出院後有一段很嚴重的低潮期。我以為出院後就會康復了，但是沒想到皮膚被燒光後長出的疤痕組織影響這麼大，我們像是小孩一樣練習從躺到坐、坐到站，再拿拐杖慢慢練習走，過程中的疼痛讓我一度很想死。」

**會談者：**「明白了，可以麻煩再描述一下當時情緒低落的感覺嗎。」**（引導個案描述當下，增進個案對於最憂鬱狀態的感受。）**

**個案：**「當時很容易想哭、很累、想放棄一切，前面的症狀都有，讓我害怕的是想死的念頭，我甚至想過要怎麼做。」

**會談者**：「謝謝您的說明，感覺燒傷的事件對您造成許多影響，這些痛苦不是常人能想像的，我們未來一步步地談論這些事情好嗎？」**（症狀評估階段在無危險的前提下提供簡單支持即可，目的在於避免個案陷入過去憂鬱事件，並傳遞會談者的關心。）**

**個案**：「嗯。」

**會談者**：「我們回到症狀嚴重度的評估，燒傷後的憂鬱應該是您經歷過最嚴重的憂鬱狀態，我們把此時的感受定義為10分。現在想請您依照剛剛提的0分與10分的標準，感覺最近兩週的情緒狀態大致會落在幾分呢？」

**個案**：「可能是6－7分附近。」

**會談者**：「謝謝您的說明，所以目前憂鬱的感受大致為中重度的程度嗎？」**（以提問的方式讓個案對症狀程度產生概念。附註：1－3分屬輕度，4－6分屬中度，7－10分屬重度）**

**個案**：「可以這麼說，不舒服的程度也差不多是這個程度。」

## 表五．四種自殺風險類別

| 風險類別 | 定義 |
| --- | --- |
| 基準線風險 | 有自殺意念者或是單次自殺嘗試者，目前處於無急性負擔、無重要壓力源或無顯著症狀。意指個案相較過去狀態，目前處於相對最佳的狀態中。 |
| 急性風險 | 有自殺意念者或是單次自殺嘗試者，目前處於有急性負擔、有重要壓力源或有顯著症狀。意指個案目前有明顯的身心負擔，且具備明顯的壓力來源（例如經濟、健康）或具備顯著心理症狀。 |
| 慢性高風險 | 多次自殺嘗試者，目前處於無急性負擔、無重要壓力源亦無顯著症狀。意指多次嘗試自殺的個案，目前處於相對最佳的狀態中。 |
| 慢性高風險伴隨急性惡化 | 多次自殺嘗試者，目前處於有急性負擔、有重要壓力源或有顯著症狀。 |

在定義出個案的自殺風險類別後，要進行嚴重程度的評分。評估項目有八項如表六，並需個別進行五種不同嚴重等級的評分（評分等級為無、輕微、中度、嚴重、極嚴重）。

| 風險類別 | 定義 |
|---|---|
| 過去自殺行為 | • 過去嘗試自殺的次數：詢問個案過去嘗試自殺的次數，以了解其自殺風險的累積。<br>• 了解過去自殺的致命性：評估過去自殺行為的致命性，包括所選的方法和當時的情況。<br>• 評估當時獲救機會：了解過去自殺行為中，個案當時獲救的機會如何，被及時發現和救助的機會有多高。<br>• 詢問準備自殺的行為：詢問個案是否有過準備自殺的行為，如購買工具、寫遺書、安排後事等。 |
| 衝動性與自我控制 | • 評估個案衝動的程度：了解個案在面對壓力或突發事件時的衝動性程度。<br>• 以及目前自我控制的能力：評估個案目前控制自己情緒和行為的能力，包括應對壓力和控制衝動的能力。 |
| 保護因子 | • 了解目前有哪些保護個案降低自殺風險的因子。<br>• 社會支持強度：了解個案從家人、朋友、社群等獲得的社會支持程度。<br>• 過去壓力因應的方式：評估個案過去如何應對壓力，以及這些方法的有效性。<br>• 目前有無進行藥物或心理治療：了解個案目前是否在接受藥物治療或心理治療。<br>• 是否有希望感：評估個案是否對未來仍抱有希望，有無積極的目標或期待。 |

以上評估完畢後，會進行最後的整體嚴重性評估，嚴重性分為五個等級如表七。

## 表六．自殺風險評估項目

| 風險類別 | 定義 |
| --- | --- |
| 脆弱性傾向 | 評估個案過去的精神疾病史與自殺行為史，以了解其自殺風險的潛在根源。這包括對過去是否患有憂鬱症、焦慮症、創傷後壓力症候群等精神疾病的詢問，以及是否有過自殺未遂或自傷行為的紀錄。 |
| 促發事件 | 了解引發個案自殺風險的具體事件或情況，通常與重大損失（如經濟、人際關係、自我認同）、健康問題（急性或慢性）、以及家庭穩定性（如親子或伴侶關係）有關。 |
| 症狀表現程度 | 評估個案目前憂鬱、焦慮、創傷、急迫不安與躁動等症狀的嚴重程度。這些情緒和行為症狀的表現可以幫助判斷個案的心理狀態和自殺風險。 |
| 無望感 | 評估個案是否感受到無望，認為未來沒有改善的希望。無望感是自殺風險的重要指標。 |
| 自殺想法 | • 了解自殺意念的頻率、強度、持續時間：評估個案多久會有自殺的念頭（頻率），自殺意念的強烈程度（強度），以及這些念頭持續的時間長短。<br>• 了解自殺想法的內容：了解個案自殺念頭的具體內容，如是否具體想到某些自殺方式或情景。<br>• 了解自殺計畫的可行性：評估個案是否有詳細的自殺計畫，這些計畫的可行性如何，包括是否已經準備好工具或選定地點。<br>• 了解個案預計如何執行自殺：詢問個案具體預計如何執行自殺，包括具體的方法和步驟。<br>• 詢問制止個案自殺的原因：了解有哪些因素或理由讓個案還沒有實行自殺，如家人、朋友、宗教信仰、未完成的目標等。 |

（此為跨頁排版，建議由左至右閱讀）

<table>
<tr><th>自殺意念和計劃</th><th>自殺行為歷史</th><th>處置建議</th></tr>
<tr><td>無自殺意念、計劃或行為</td><td>無</td><td rowspan="2">暫不需轉介，視症狀做經常性風險評估即可</td></tr>
<tr><td>偶爾的自殺意念，無具體計劃</td><td>無自殺行為歷史，或有輕微且間接的自殺行為</td></tr>
<tr><td>持續的自殺意念，有模糊或非具體的計劃</td><td>可能有過自殺行為歷史，但無近期自殺行為</td><td>・重複評估住院需求<br>・經常性自殺風險評估<br>・增加門診頻率<br>・家人投入關注<br>・保持二十四小時可接到急診與風險服務<br>・定時電訪關懷</td></tr>
<tr><td>自殺意念持續且強烈，有具體計劃</td><td>有自殺行為的歷史，可能有最近的自殺未遂</td><td rowspan="2">・立刻執行精神科住院評估<br>・需全時有人陪伴或觀察<br>・家人與相關授權單位須積極投入</td></tr>
<tr><td>自殺意念極度強烈且持續，有詳細且即時的計劃</td><td>有近期的自殺行為，可能有多次自殺未遂。</td></tr>
</table>

在綜合以上的評估結果後，我們可以推論個案整體的自殺風險嚴重度等級，進而制訂轉介與後續治療計畫。

## 表七・自殺風險評估嚴重性等級

| 等級 | 自我控制 | 煩躁症狀 | 風險因子數量 | 保護因子數量 |
|---|---|---|---|---|
| 無風險 | 完全自我控制，無自殺意念 | 無顯著煩躁症狀 | 無或極少 | 大量 |
| 輕度風險 | 大多數時間能夠自我控制，有偶爾的自殺意念 | 輕微的煩躁症狀 | 少量 | 充足 |
| 中度風險 | 自我控制能力有所減弱，有持續的自殺意念 | 中度煩躁症狀 | 中等數量 | 有限 |
| 高度風險 | 自我控制能力顯著減弱，有具體的自殺計劃 | 嚴重的煩躁症狀 | 大量 | 很少 |
| 極高風險 | 幾乎無法自我控制，有詳細且即時的自殺計劃 | 極度嚴重的煩躁症狀 | 非常多 | 幾乎無 |

### 3. 自殺風險類別區分

憂鬱疾患時常伴隨著自殺風險，自殺是非常嚴重的心理議題，必須慎重處理。這裡將教導讀者如何執行基礎的自殺風險評估，此評估法參考自大衛・羅德（David Rudd）等人所著之《自殺防治》（*Treating Suicidal Behavior: An Effective, Time-Limited Approach*）一書。由於自殺風險評估需要高度專業訓練後方能施測，因此在本段落中僅會說明四種自殺風險類別（見表十三），目的在於使讀者具備區分風險類別以及判斷嚴重程度之能力，進而知道四種風險類別應該轉介那些專業醫療機構進行後續處置。

## 自殺案例評估範例

### 案例背景

三十五歲的李先生為公司職員，已婚，育有一子，過去曾有一次自殺未遂紀錄，當時因服用過量藥物被妻子及時發現並送醫救治。最近他在工作上遭遇重大挫折，與上司發生嚴重衝突，家庭方面，與妻子經常因育兒和財務問題爭吵，感到家庭支持不足，婚姻關係緊張，表現出顯著的憂鬱和焦慮症狀，包括持續的悲傷、失眠、食欲不振和無力感，經常感到無望，認為目前的困境無法改善。他每天都會出現強烈且持續的自殺念頭，曾具體考慮過自殺方式和計畫，但尚未準備工具，而阻止他實行自殺的主要原因是對兒子的牽掛和責任感。面對壓力時，李先生容易衝動，情緒不穩定，自我控制能力較弱。過去主要依賴妻子的支持來應對壓力，但目前效果不佳。李先生目前沒有接受心理治療，社會支持系統也較為薄弱。

### ㈠風險類別

第二種風險類別：急性風險

### ㈡評估項目及嚴重程度評分

1. **脆弱性傾向**：中度：有憂鬱與焦慮症的歷史，並且有一次自殺未遂的紀錄。
2. **促發事件**：嚴重：工作上遭遇重大挫折，與上司發生嚴重衝突，家庭中與妻子經常吵架。
3. **症狀表現程度**：嚴重：顯著的憂鬱和焦慮症狀，包括持續的悲傷、失眠、食欲不振和無力感。

4. **無望感**：嚴重：感到未來無望，認為目前的情況不會有任何改善。

5. **自殺想法**：嚴重：自殺意念頻繁且強烈，具體考慮過自殺方式和計畫，但尚未準備工具。

6. **過去自殺行為**：中度：過去曾有一次自殺未遂的紀錄。

7. **衝動性與自我控制**：中度：容易衝動，情緒不穩定，但尚有自我控制能力。

8. **保護因子**：輕微：有家庭（妻子和兒子），但家庭關係緊張，社會支持有限，未接受過心理治療。

### (三) 整體嚴重性評估

嚴重：頻繁、強烈且持續的自殺意念，有具體的自殺計畫，無明確自殺意圖。自我控制能力受損，並伴有嚴重的憂鬱和焦慮症狀。雖有少數保護因子，但其效果有限。

### (四) 建議

- 立即轉介至精神科／急診進行診斷與藥物治療，並評估住院必要性。
- 需全時有人陪伴或觀察，衛教家人與相關授權單位需積極投入

## 三、罹有創傷後壓力症的創傷者

許多創傷者會產生急性壓力症症狀，急性壓力症症狀若持續一個月以上，就會成為創傷後壓力症。創傷後壓力症是在災難後非常常見的心理疾患，其症狀的特殊性也讓創傷者飽受折磨。

### (一)創傷後壓力症者的特徵（相關症狀可參閱第一篇）

#### 1. 侵入症狀（Intrusion symptoms）

此症狀指的是災難後的回憶栩栩如生地重現，比如說當風災受災者在工作時，暴風吹倒樹幹砸入家裡的畫面突然侵入腦海，讓他非常害怕；因車禍導致氣胸與手臂開放性骨折的創傷者在加護病房接受治療，治療時創傷畫面（遭受撞擊、跌落地面看到自己鮮血淋漓的傷口）突然閃過眼前，讓他驚恐的大叫，推開正在幫他換藥的醫療人員。侵入症狀有時會讓創傷者分不清是現實還是幻覺，常讓他們感到恐懼且非常干擾生活。

侵入症狀有時也會由惡夢的形式呈現，創傷者可能常會夢到自己遭遇意外、困在某處無法逃脫、被恐怖的事物追趕等。此外，解離反應（dissociation）也是常見的狀況，有些創傷程度較嚴重的創傷者會失去與現實環境的連結，他會感受不到周遭環境的變化，給人空洞、遲滯、無法進入情境狀態（例如在工作情境要顯示專業，在家庭環境宜放鬆等）的感覺。

## 2. 逃避症狀（Avoidant symptoms）

創傷者會刻意離開與創傷場景有關的線索，比如說目睹捷運人身事故的創傷者可能會不敢搭捷運、害怕聽到相關新聞報告、不敢待在類似捷運車廂的空間。也會為了不搭捷運而改變上班方式，導致時常遲到。再舉一個例子，一位急診醫師在通報疑似受家暴兒童案件時被酒醉家屬拿槍恐嚇，並被推擠、攻擊面部，即便現場有保全制止，且警方迅速逮捕施暴者，但這位醫師仍出現了迴避症狀。他好幾天不敢踏進急診室，連遠遠站在急診室外頭也感到害怕，此外，他開始害怕酒的味道，就連消毒用酒精、飲用酒的味道都讓他會想離開現場。這讓他難以從事急診醫師業務。

## 3. 對於創傷事件有負面的解讀

遭遇創傷事件後，即便創傷者知道創傷為意外、天災，他們仍容易解讀為是自己的錯誤，也容易對自己、人、世界產生非常負面的看法。這些負面解讀會惡化他們的創傷症狀，也容易產生憂鬱、焦慮的問題。所以在後續心理治療中，如何調整創傷者對創傷事件的解讀會是治療的核心重點。

此外，創傷後壓力症個案常出現失去創傷事件記憶的現象，他們會忘記創傷時的記憶。例如八仙塵爆的傷者，她事後回想只記得自己看到了火燒起來的現場，但不記得起火之後做了什麼事，也不記得自己如何離開現場，唯一最靠近災難時的記憶就是自己和男朋友上了救護車。就男朋友所述，從事發到上救護車大概已經過了兩個小時，但她這段時間的記憶都不存在。

### 4. 對於創傷事件有明顯負面情緒

負面的情緒反應是常見的現象，罪惡感、驚恐、憤怒、羞愧、恐懼變得頻繁。創傷者的家屬常報告他們覺得家人變得和以前不一樣，變得易怒、情緒起伏大、容易悲傷，且常常處在害怕的狀態中。因為負面的情緒會嚴重降低創傷者的生活、工作、人際品質，因此在創傷心理治療中，負面情緒的處理必須在治療初期進行，詳情會在下段的心理治療中說明。

### 5. 過強的警醒度與反應程度

警醒度（arousal）指的是人們對環境的警戒程度，當我們的大腦判定此為不安全的環境時，警醒度就會自動調升讓我們進入高度警戒狀態，以便因應隨時可能發生的意外。創傷後壓力症的創傷者經歷重大災難後，他們的警醒度容易處於過強的狀態（Hyper arousal），下意識地覺得許多環境是不安全的，所以常常看起來戰戰兢兢、如履薄冰，也因此容易有睡眠困擾，難以專心的現象。此外，他們對於刺激的反應也會變大，例如容易受到驚嚇、易怒、突然發怒等。

## (二) 心理治療介入要點與技術

### 1. 營造安全環境與治療同盟關係

創傷後壓力症創傷者時常覺得自己是不安全的，因此他們非常容易感到恐懼、害怕、不安，通常也敏感於突然的聲響、說話音調變化、光線變化等。會談者在與他們會談時，務必要先確認治療環境的安適感，建議在有窗戶、房門在可視範圍、空間較大的室內進行會談。在會談時，時常確認個案的不安與害怕程度，並多運用再保證

（Reassurance）技巧，可安撫其不安。

### 2. 優先談論困擾個案的症狀

另一個重要步驟是優先談論目前困擾他們的症狀。創傷後壓力症創傷者常會經歷包括重複侵入的創傷回憶、惡夢、過度警覺和迴避行為等多種症狀。治療師需要優先處理那些最嚴重或最困擾個案日常生活的症狀。在會談初期，治療師應仔細傾聽個案的描述，並以同理心回應。

### 3. 在確保個案感到安全的狀態下回憶創傷事件

在與創傷後壓力症創傷者進行創傷記憶回憶的過程中，必須確保他們處於身心均感安全的狀態，這過程需要高度的敏感性。治療師首先確認個案是否感到準備好回憶創傷事件，並詳細解釋過程中的每一步，讓個案有充份的心理準備。治療師可以說：「我們會慢慢地進行回憶，想要停止或感覺不舒服時都可以隨時跟我說。」在回憶過程中，治療師應持續觀察個案的非個案訊號（如呼吸變化、表情緊繃等），並定時詢問其感受，提供及時的情感支持和再保證，確保回憶過程安全、穩定。

## 4. 延長暴露治療法（Prolong Exposure, PE）

(1) 治療原理

延長暴露治療法的基本原理是透過系統性和反覆暴露於創傷記憶和相關的恐懼情境，來減少個案對這些記憶和情境的恐懼與逃避行為。此治療法是以情緒處理理論（Emotional Processing Theory）為基礎，該理論認為創傷後的恐懼和迴避行為是造成和維持創傷後壓力症的主要因素。透過暴露治療，個案可以逐步習慣和適應這些讓他們恐懼的刺激，進而減少恐懼反應。

(2) 心理教育

治療開始時，治療師會向個案解釋創傷後壓力症的症狀和維持機制，並介紹延長暴露治療的原理和流程。個案在理解之後可提高合作動機。

(3) 意想式暴露（imaginal exposure）

意想式暴露法是藉由詳細且反覆的回憶創傷事件，來減弱個案對創傷記憶的情緒反應，主要包含以下步驟：

i. 建立安全環境

治療一開始，治療師會確保治療環境的安全和舒適，以便個案能夠安心地進行意想式治療。

ii. 心理教育和說明

向個案解釋意想式暴露的目的和過程，並強調透過反覆回憶和敘述創傷事件可減少情緒和生理反應。

iii. 回憶創傷事件

在治療師的引導下讓個案詳細回憶創傷事件，並以第一人稱角度進行敘述，會引導個案盡可能詳盡地描述當時的情景、感受、想法和生理反應。

iv. 放鬆技巧的應用

在意想式暴露過程中，治療師會隨時進行干預，在個案過度緊張時指導個案使用放鬆技巧（如深呼吸、肌肉放鬆、正念冥想等）來緩解恐懼反應。例如在過程中暫時中斷回憶，進行幾分鐘的深呼吸練習，使個案重新穩定下來。

v. 逐步深入創傷回憶

治療師帶領病人逐步深入每個細節，從創傷開始到結束。此過程通常持續二十至四十五分鐘，經過多次治療後，個案的恐懼反應通常會逐漸減少。

vi. 事後放鬆恢復

每次意想式暴露結束後，安排足夠時間帶領個案進行如深呼吸練習的放鬆技巧，可緩解暴露過程中產生的殘留焦慮。

vii. 回家作業

依照個案狀況給予意想式暴露的回家作業，如定時的放鬆練習、壓力變化記錄、重新聽取在治療中回憶創傷事件時的敘述錄音等。

(4) 實境暴露（in vivo exposure）

實境暴露的目的在於讓個案逐步面對現實生活中與創傷相關的恐懼情境，進而減少恐懼反應及逃避行為。

i. 暴露階層表的制定

治療師與個案一同討論引發恐懼和迴避行為的情境，對這些情境進行排名（ranking），製作一個從引發輕微到嚴重恐懼的暴露階層表（hierarchy），這些情境可以是具體的地點、情景或社交情況。

ii. 安全指導與放鬆技巧的學習

治療師在暴露之前指導個案進行系統的放鬆練習，如呼吸放鬆、漸進性肌肉放鬆和冥想，確保個案具備因應焦慮、恐懼反應的工具。

iii. 持續暴露與放鬆技術運用

依照暴露階層表，逐步且反覆地讓個案暴露於預定情境中，每次暴露持續時間根據個案的程度來設定，通常從幾分鐘到一小時不等，直至個案的焦慮程度顯著減少。在暴露過程中，當個案感到焦慮升高時，可隨時啟用放鬆技巧來平緩焦慮，例如進行幾分鐘的深呼吸練習，然後再繼續暴露。

iv. 事後的放鬆恢復

完成一次暴露後，帶領個案進行放鬆練習，幫助恢復至平靜的狀態。

v. 回顧和反思

治療師在每次現實情境暴露後，與個案一起回顧暴露過程中的經歷，討論產生的感受和應對策略，鞏固學習到的經驗。

vi. 回家作業

視個案狀況安排於現實情境暴露的回家作業。

## 5. 認知治療法（Cognitive Therapy）

許多創傷後的個案會對創傷事件有負面解讀，比如說發生這件事情都是我的錯、如果我沒有出門就不會遭遇這件事。而這些負面解讀會引發恐懼反應與逃避行為，使創傷後壓力症難以痊癒。認知治療法是針對個案對創傷事件的解讀進行討論，嘗試改變他們對於創傷事件的看法，進而降低恐懼反應與逃避行為。以下將會搭配範例說明認知治療法的步驟。

(1) 找出威脅個人意義的負面信念

在創傷後，個案對事件的解釋和意義可能變得極為負面或威脅性。認知治療的第一步便是識別這些威脅性的個人意義。

i. 找出思維模式

治療師與張小姐探討她對車禍的回憶和感受，以及事故後她對自己和世界的看法。張小姐講述了事故發生的經過，她提到一些自責和無助的感受：「如果我當時轉方向盤不是這麼急，車禍就不會發生。」

ii. 識別負面信念

治療師幫助識別張小姐的負面信念，如「這是我的錯」、「我無法控制事情」、「駕駛是危險的」。

iii. 焦慮引發點（Hot Spots）

治療師幫助張小姐確定在回憶事件時引發強烈情緒反應的具體記憶或片段，這些被稱為熱點。在這個例子中，張小姐的焦慮引發點之一可能是她轉動方向盤的瞬間。

(2) 改變負面信念

一旦找出具威脅性的不良想法，下一步便是尋找和確認可以挑戰及改變這些負面信念的新想法。這些新的想法能幫助個案重新評估創傷事件的意義。

i. 蒐集證據

治療師與張小姐一起檢視事故發生的事實，例如天氣狀況、道路狀況和其他可控制或不可控制的因素，如此一來，可以幫助張小姐重新認識事故的原因。

ii. 支持性資訊

治療師幫助張小姐找到生活中的正面經歷，如多次成功駕駛的記憶，這些過去的正面經歷可以提供支持。

iii. 挑戰負面思維

治療師幫助張小姐挑戰具有威脅性的負面信念。例如治療師問張小姐：「真的能完全控制車輛和道路狀況嗎？」提醒張小姐注意其實很多因素是她無法控制的。

iv. 個人經歷和成功

治療師鼓勵張小姐回顧和記錄她在其他駕駛情境中的成功經驗，強化對駕駛技能的信心。

(3) 將新的想法融入創傷回憶，形成新的解讀

治療師幫助個案將新的想法整合到那些在創傷回憶中的焦慮引發點中，重新建構記憶的意義，減少負面情緒反應。

i. 重構記憶

治療師引導張小姐再次回憶車禍的情景，並嘗試加入新的更新訊息。例如當張小姐回憶轉動方向盤的瞬間時，治療師提醒她：「當時有很多無法控制的因素，如暴雨和濕滑的路面，這不完全是妳的錯。」

ii. 內在對話

治療師鼓勵張小姐在每次回憶這些焦慮引發點時，進行內在對話，複誦新的想法：「我做了我能做的最好的決定，這不完全是我的錯。」

iii. 書寫敘述

治療師建議張小姐寫下更新的創傷回憶，整合新訊息，並反覆閱讀這些新版本的故事，幫助她將新訊息內化。

iv. 認知重組

在治療過程中，透過認知重組技術，教導張小姐學會如何引導自己在面對創傷回憶時主動使用新的更新訊息，進而逐漸減少負面情緒反應。

## 四、失去摯愛的創傷者

災難過程中，許多個案會遭遇喪失至親的悲慟事件，這些重大的失落會引發哀慟反應（Grief），人會感到悲傷、痛苦、難受，尤其失去伴侶、子女、父母的創傷者通常會出現強烈的情緒與哀傷反應。哀慟反應被認為有五個階段，否認（Denial）、憤怒（Anger）、討價還價（Bargaining）、憂鬱（Depression）、接受（Acceptance）。在心理治療過程探討失落時，當事人通常會充滿強烈的情緒與痛苦感受，因為他們尚未做好失去摯愛的準備。當事人與過世的人愈親近，通常他的痛苦與哀傷就會愈明顯且持久。在治療過程中，當事人在這五個階段來回擺盪是很常見的事，會談者需要將這樣的概念貫穿於治療之中，讓當事人明白經歷這些痛苦的感受是身體與心理對於悲傷事件的自然反應。

## ㈠哀慟五階段

### 1. 否認（Denial）

否認是指在哀慟期間，拒絕接受重要他人離開的現實。否認是一種防禦機制，它可以幫助我們保護自己免受現實帶來的衝擊。在哀慟剛開始時，短期的否認是常見的，可以將其視為準備時間，並不一定要當事人立刻接受現實。常見的否認包括拒絕接受或承認死亡；拒絕或避免談論這個話題；聲稱損失不是真的，或者訊息來源不可靠；假裝什麼都沒有發生；感覺到往生者的存在，聽到他們的聲音或看到他們身影都是常見的現象。

### 2. 憤怒（Anger）

憤怒是一種自然的情緒，自當事人知道與接收到往生者去世的消息後尤其常見。有些死亡可能看起來殘酷而不公，特別是當事人覺得某人去世得太早，或者他們本來有未來的計畫時，會讓當事人感到憤怒。這些憤怒可能指向任何人，包括自己、家人、醫生、神明，甚至已故者。例如指責醫生沒有阻止疾病；指責家人缺乏照顧或支持；對神明或更高層次的精神力量感到憤怒；對自己感到憤怒或指責自己導致死亡；對已故者感到憤怒，或者對當事人在往生者去世之前做過或沒有做過的事情感到憤怒也是很常見的。

### 3. 討價還價（Bargaining）

經歷哀慟時，當事人通常感到絕望和不知所措，他們往往會被「如果」和「只要」的陳述所淹沒，因為他們對已經發生的事情失去了控制感。在這個階段，當事人會試圖和自己或第三方（醫療單位、親友、神明等）進行協商或妥協。他們希望與自己達成協議，或者與更高的力量做交易，以降低悲傷的感覺或者出現不同結果。討價還價的陳述包括：「如果我早些把她帶去看醫生，這個疾病就會治好。」「如果我經常陪在他身邊，就會注意到事情不對勁了。」「神明啊，只要你讓他回來，我保證我以後再也不會做壞事了。」此外，當事人會希望自己可以回到過去改變事情結果也是很常見的反應。

### 4. 憂鬱（Depression）

憂鬱通常來自於失去摯愛而引起的絕望。儘管哀慟的早期階段有助於保護我們免受失去所帶來的情感痛苦，但這些感覺通常是不可避免的。憂鬱的症狀包括悲傷的情緒、對平時喜歡的活動失去興趣、睡眠的改變、體重的顯著變化、精力不足、感到焦慮或不安、感覺自己毫無價值或內疚、注意力減退。

憂鬱的感覺是對哀慟的自然反應，喪親可能會導致持續的哀慟症狀，如果這些感覺持續存在並對當事人生活造成顯著的損害和困擾超過一年，則建議接受心理相關專業的診斷與治療。

### 5. 接受（Acceptance）

接受指的是當事人最終接受失去的現實，且發現痛苦逐漸減輕，慢慢能夠接受發生的事情。當事人逐步學會重新將能量放在日常生活中，同時將已故者的記憶保留在身邊，並開始為未來做計畫。

## (二) 哀慟心理治療實例

此段以Ｆ先生的生命經歷為例，讓我們試著感受喪親者在哀慟五階段的情緒狀態，以及治療師協助Ｆ先生走出哀慟的重要概念。

F先生與妻子結縭數十年，育有數名子女，在新冠疫情期間，他與妻子雙雙確診，且因病情嚴重送往醫院進行隔離治療，夫妻分處不同病房。在醫療人員努力下，F先生逐漸脫離危險，但妻子狀態漸轉不佳，最終病逝醫院。經過六個月後，F先生仍感到難受、悲傷不已，難以專注於工作上，因此在子女建議下參與心理治療。

## 1. 陪同當事人認識哀慟反應

常見的哀慟反應包括難過、悲傷、失眠、疲憊、孤單、哭泣、震驚、罪惡感、焦慮、害怕、難以專心、孤立自己。大部份個案通常沒有哀慟的經驗，容易對在哀慟中的自己感到陌生，擔憂自己變得不正常，因此會談者提供哀慟反應的衛生教育以及正常化哀慟反應會是重要的支持。

**會談者：**「F先生您好，初次見面請多指教，請問今天想談些什麼呢？」

**個案：**「我想講太太的事情，她在三個月前過世了。我在家裡看到她的衣服、用品就會想哭。」（停頓、落淚）

**會談者：**「我很遺憾聽到這個消息。」**（以肢體語言、表情表示遺憾）**

**個案：**「我們結婚三十多年了，也一起打拚開店，在工作上她是我很重要的人。她有肺部的問題，以前就定期在看胸腔科。新冠的時候我們都很緊張，因為知道她是高風險族群，所以我們防疫做得很徹底，都不讓外人進家門，但最後還是發生了這件事，我很不能接受……」（哭泣）

**會談者：**（點頭表達支持、等待）

**個案：**「我不知道自己怎麼了，常常會想哭，睡也睡不好，只要一想到她不在了就很難過。以前我不掉眼淚的，開店有危機、爸爸重病、小孩出事我都可以忍過去，但最近很難控制，覺得情緒起伏很大。」

**會談者：**「好像這些狀況讓您感覺意外、不熟悉。」**（同理情緒）**

**個案：**「對，我從來沒有這樣過。」

**會談者：**「我想您應該正在經歷哀慟反應，這是我們失去重要的人的時候常會出現的現象。大部份的人都會有這樣的痛苦感受，非常難熬、難受。」**（提供普同感來正常化個案的哀慟反應）**

**個案：**「大家都會這樣嗎？」

**會談者：**「大部份人都會喔。請問您過去有經歷過其他親友過世的經驗嗎？」**（確認個案是否第一次經歷失落，若是，則需要提供哀慟反應的心理衛生教育。）**

**個案：**「爸媽都還在，但以前有參加過叔公的告別式，可是因為不熟，難過幾天就過去了。」

**會談者：**「哀慟反應會和當事人與往生者的親密程度有關，您介意我跟您說說哀慟反應是什麼嗎？」**（徵詢個案對於衛生教育的同意）**

**個案：**「不介意，你說。」

**會談者：**「哀慟反應是人在經歷痛苦後的生理心理現象，剛失去摯愛的人通常會感到悲傷、難過、孤單。情緒不會像過去穩定，容易低落，甚至生氣。」**（提供一部份資訊，觀察個案的接受程度。）**

**個案：**「對，心情很不穩，偶爾會生氣。」**（根據回答可看出個案的接受程度）**

**會談者：**「有些人也會有睡不好、吃不好、做事很難專心的狀況。」**（藉由衛生教育探查個案目前具備的症狀）**

**個案：**「這些我都有。」

**會談者：**「有些人會出現平常少見的情緒，像是羞愧感、罪惡感，有的人會想躲起來，不想和人接觸。」

**個案：**「我還不會不想和人接觸，小孩要來家裡看媽媽，我都可以。但是……我有時候會覺得是不是我害了她，會覺得如果防護措施再做好一點，可能就不會發生這件事了。

我這樣正常嗎？」

**會談者**：「整理一下您目前有的反應包括悲傷、哭泣、難過、偶爾會生氣、難以專心，吃飯和睡眠也受到影響，這些都屬於哀慟反應的範圍，大部份人都會經歷這些感受喔。」**（記錄個案討價還價反應但暫不回應，以正常化個案的哀慟反應為優先。）**

**會談者**：「另外也要跟您說，每個人面對失落會有不同的感受和自我療癒的方式，因此若有人的感受和您不同，這也是常見的。除非這些哀慟反應讓您長時間無法工作，也影響您的人際、家庭關係，否則這些都是合理的哀慟反應。」**（強調哀慟反應因人而異以及提點需要就醫的時刻）**

**個案**：「那我應該還算在正常範圍。」

## 2. 人必須經歷這些痛苦才有辦法進入接受的階段

大部份的助人者都有著希望減輕他人痛苦的志向，故而投入此一行業。然而哀慟是個特殊現象，因為它必定造成痛苦，而且當事人必須經驗這些痛苦才有辦法往下一個階段邁進。就像嚴重的傷口必須經過消毒、清創、縫合等歷程才能痊癒是類似的道理。

會談者在會談中無須閃躲個案的痛苦感受，而是陪伴、傾聽個案的痛苦經驗。當人沉浸在痛苦，並且在否認、討價還價、憤怒、憂鬱四個階段來回一陣子之後，他自然會想要離開這個狀態，這時就是改變的開始。

**個案：**「我沒有辦法工作。」

**會談者：**「可以多說一些嗎？」

**個案：**「我一直想到她，店裡每個地方都有她的身影，只要一走進去就會想到她不在了。」

**會談者：**「我能多聽一些她在您回憶中的樣子嗎？」**（藉由回憶引出個案的感受、情緒）**

**個案：**「她比我會講話，她知道怎麼和顧客溝通。她會記得客人的喜好，會關心他們的家庭，她對人很友善，常常笑，每個客人都很喜歡她。她也很細心，管錢的能力比我好，常常提醒我要補貨還是算錯錢。」

**會談者：**「我聽到您談到她的友善、細心，她在店裡時讓您很安心。」**（同理與命名個案的感受）**

**個案：**「對，但現在都沒有了，我不想要這個樣子，我希望這些事情統統沒有發生！如果沒有這個新冠疫情，她就不會走；如果在隔離病房我可以陪她，說不定她就會好一點。為什麼他們不讓我跟她在一起？為什麼不讓我陪她？我還有好多話沒有跟她說啊……」（哭泣）

（觀察到討價還價與憤怒）

**會談者：**「您生氣這些意外發生在您們身上。」**（不討論事件的是非對錯，專注於個案的感受）**

**個案：**「沒錯，我很生氣，我氣這一切不公平，我氣這個疫情，我生氣醫院把我們分開！」

**會談者：**「也會對自己生氣嗎？」**（通常個案會對他人、自己甚至往生者感到憤怒）**

**個案：**「會。我當時如果衝出去病房，不管什麼隔離政策，說不定就可以看到她最後一面。早知道我就這麼做，要告就讓他們告吧，我只能氣我自己膽小。」**（持續呈現討價還價與憤怒）**

**會談者：**「我感覺您在生氣的同時，似乎也感到無能為力。」**（同理深層情緒）**

**個案：**「對……（哭泣），其實我根本沒辦法做什麼。」

**會談者（深層的感受已經浮現，此時宜安靜的陪同個案經驗生氣與無力的感受。以肢體語言和表情呈現關懷，並等待個案。）**

**會談者：**「我可以跟您談談現在的感覺嗎？」

**個案：**「可以。」

**會談者：**「您感覺到了什麼？」

**個案：**「我覺得心情有穩定一點。」

**會談者：**「現在想到太太的事情會有什麼感覺呢？」**（在抒發情緒後，引導個案認識哀慟。）**

**個案：**「覺得很空，心裡好像空掉一塊。不知道怎麼講，就像心裡有個洞一樣，少了一塊空蕩蕩的。想了就很難受。」

**會談者：**「我想您正感受到的就是哀慟的一種，它會讓您感覺痛苦。」

**個案：**「我真的很痛苦，這樣的感覺會持續多久？」

**會談者：**「和離開的人感情愈深厚，通常痛苦會愈久」

**個案：**「那會好嗎？」

**會談者：**「或許我們可以用復原這個概念來想它，太太的離開永遠會在我們心裡留下一道傷口。如果我們好好的理解傷口的深度、樣貌，並且細心的照顧它，它會逐漸癒合。」

**個案：**「聽起來很痛，很難。如果我按照你講的做，什麼時候可以離開這種感覺？」

**會談者：**「有個譬喻形容痛苦就像沉到水底的過程，等碰到底了，人自己就會想游回水面。」**（讓個案明白痛苦總有盡頭）**

**個案：**「了解。看起來我還在沉下去的過程吧，但我懂你的意思了。」

### 3. 每個人的痛苦感受與哀悼方式都是獨特的

助人工作者的養成過程通常都接受了嚴謹的科學與邏輯教育，所以會傾向運用理性與分析的方式與個案互動。但是每個人的痛苦與哀悼方式就像指紋一樣是獨一無二的，人們會依照自己的宗教、文化、成長背景對往生者進行悼念，也可能會形成自己面對哀慟的一套儀式。只要當事人不傷害自己、他人，會談者應該要支持這些哀悼方式。

**會談者：**「今天是第四次與您碰面了，想從哪裡開始談呢？」

**個案：**「我很想太太，從她離開後，我常常會去以前一起散步的海邊走走，每次去都會在一個固定的地方放一顆石頭，五顆石頭放一堆，現在已經堆了好幾堆了。上星期我弟弟、弟媳跟我一起去散步看到我這麼做，他們覺得很詭異也很驚訝，問我在幹麼，但我也說不出來。看到他們這樣，我有種羞愧的感覺。」

**會談者：**「可以問問那個地點的特別之處嗎？」**（哀悼儀式通常與當事人及往生者的共同回憶有關）**

**個案：**「我和太太以前會在那邊停下來休息，聊聊天以後繼續走。」

**會談者：**「最近到那個地點時，有想到什麼回憶嗎？」

**個案：**「我常想到和她的對話，我記得她在散步時講話最放得開，她不用在意小孩、客人、家人，她看起來很自由。我知道她雖然都笑笑的，但偶爾還是有煩惱，你聽過做生意要笑口常開才能財源廣進嗎？她很信這套，所以在家都盡量維持快樂的樣子。」

**會談者：**「您覺得在那裡她可以呈現最放鬆自在的樣貌。」

**個案：**「對，我很喜歡當時的感覺。」

**會談者：**「我想這表示那是一個充滿你們快樂回憶的地方，所以您經常去那裡喚醒這樣的感覺。」

**個案：**「應該是這樣，但為什麼我要堆石頭？我自己都不知道了，也難怪他們會被嚇到。」

**會談者：**「有時我們會想要為自己的感受留下見證，用可見的物品來表達我們的感覺。就像有人用文字記錄日記，有人用圖畫記錄心情，有人用攝影來捕捉回憶是一樣的概念。」

**個案：**「那我在記錄什麼？」

**會談者：**「我還不知道，或許我們可以從討論您放石頭時的感覺開始來找答案」

**個案：**「我把石頭放下去的時候，會有一種輕鬆一點的感覺。」

**會談者：**「和我們先前提的痛苦感受有關嗎？」

**個案：**「有，我會覺得這個痛苦好像可以放掉一些，放在一個我們都喜歡的地方。」

**會談者：**「會不會表示您想在一個安全的地方放掉自己的痛苦？」

**個案：**「我好像知道了。或許海邊是我們都覺得安全的地方，因此我把痛苦放在這個地方，我看到石頭變多的時候，真的會覺得放掉了什麼，感覺很好。另外，或許我可能暗自希望她也常來這邊散步吧，或許這些石頭可以讓她見證到我很想念她，常常來這邊回憶她。」

**會談者：**「我想您展現了屬於自己的抒發與回憶的方式，奠基在只有您與太太會了解的珍貴回憶之上，這樣私密且親暱的關係或許不一定要讓其他人理解。」

**個案：**「對，隨便他們想吧。」

## 4. 即便在哀慟中，人仍保有自主選擇的權利

失去親人會伴隨深沉的痛苦，即便這些痛苦非常難以忍受，但有些人會想要沉浸在痛苦之中不想離開。他們不想離開的原因有很多，有人覺得自己不應該快樂；有人在懲罰自己；有人被羞愧感囚禁；有人覺得這樣才代表自己沒有忘記往生者。

過度的痛苦會影響個案的成長，也有發展成其他心理疾病的風險。因此會談者在陪伴當事人經歷痛苦時，也要注意他們是否過度沉浸在痛苦之中。當會談者發現當事人是刻意讓自己痛苦，除了表現尊重外，也要提醒他們無論在什麼環境下，他都仍然擁有自

主選擇。哀慟專家大衛．凱斯勒（David Kessler）曾說過：「痛苦（pain）是無法避免的，但受苦（suffering）只是一種選擇。」我們會因為親人的離世感到痛苦，但不一定要用自己受苦的方式來緬懷他們。

**個案：**「我忘不掉她在病房裡打電話給我的聲音，她戴著呼吸器，聲音好模糊又沙啞。她一直咳嗽，很難說完一句話，聲音也被呼吸器遮住了，很難聽清楚。我記得她是在問我身體怎麼樣，但我心裡想妳都這麼嚴重了還問我，這樣不對，妳要多休息。我很不忍心，一直安慰她要她好好休息別再說話了。她後來說了要我多照顧孩子、自己要保重之類的話，我聽就覺得不對勁，但又很不想聽，只是安慰她說她會好，不要胡思亂想。那就是我們最後一次說話。」

**會談者：**「您感覺後悔嗎？」

**個案：**「很後悔，後悔為什麼不多跟她說一點我的想法，為什麼沒有多聽她想說什麼，我覺得這些都是我的錯。我曾經很生氣，但我現在好像沒有力氣生氣了，覺得很疲倦，什麼事都不想做，看電視也笑不出來。」**（觀察個案可能進入憂鬱階段，憂鬱通常會伴隨高度的自我責備、譴責等負面想法，宜釐清。）**

**會談者：**「您覺得自己應該為最後一通電話負更多責任嗎？」**（自我責備通常會伴隨許**

**多「應該」、「必須」等條件式想法）**

**個案：**「對啊，我是那個比較健康的人，而且我是她先生，不是應該要多幫忙她嗎？」

**會談者：**「但是你也是第一次經歷這件事，這樣的責任壓在自己身上會不會太重了？」

**（同理個案的壓力，以輕微面質的技巧提點個案）**

**個案：**「我沒想過這點。」

**會談者：**「您知道這次的新冠疫情是大部份醫護人員都沒有經歷過的嚴重公衛事件嗎？」

**個案：**「我知道，全世界都是這樣。」

**會談者：**「那您會覺得醫護人員都應該要知道怎麼照顧病人，而且不能犯錯嗎？」

**個案：**「不會，我自己住院時也看得出來不是每個醫護人員都很熟悉這個疾病，但是我感覺的到大部份醫護都累壞而且也盡力了。他們甚至還幫我操作視訊，讓我和太太可以通話，我很感謝他們。」

**會談者：**「感覺您滿肯定醫療人員的努力，也不覺得他們必須要完全熟悉這個疾病才能照顧你們。」

**個案：**「對，他們也是第一次。」

**會談者：**「但您對自己的標準似乎比看待醫護人員更嚴格了一點，因為您覺得您必須照顧好太太，即便您也是第一次經歷這個狀況。」

**個案：**「嗯……可能是這樣。」

**會談者：**「會不會對自己太嚴格了一些呢？」

**個案：**「或許吧。奇怪的是我越嚴格的批評自己，有時候我會感覺好一點。」

**會談者：**「有時候我們沉浸在痛苦裡，會覺得自己和往生者仍有連結，因為這樣可能會讓您覺得自己仍持續在分擔太太的痛苦。」

**個案：**（沉默）「但是我會覺得好過一點。」

**會談者：**「我想您用自我責備展現了您對她的關愛，覺得和她一同痛苦可以分擔病危時的難受，但這是否也讓您困在她受苦的那個時空裡？」**（提醒個案往生者的痛苦已經結束，現在讓個案受苦的來源也包含自己。）**

**個案：**「我沒想到會是這樣……但我不知道該怎麼做，如果我不痛苦了，是不是就表示我忘了她？」

**會談者：**「或許您可以用別的方式記得她？」**（協助個案思考其他選擇的可能性）**

**個案：**「嗯。像是海邊散步這樣？」

**會談者：**「我覺得那是很健康的方式。」

或許我們改變不了已經發生的事，但我們永遠都有選擇的權利，選擇用什麼方式面對哀慟。

### 5. 幫助同樣身處哀慟的人，有助自己走出哀慟

喪失摯愛的哀慟會讓人失去與現實世界的連結，使人沉浸在深深的哀傷之中。我們在死亡面前都容易感到失控，覺得自己無力且渺小，人會變得容易故步自封，想將自己藏起來。為了避免再失去什麼，所以什麼事情都不想做。

但在悲傷觸底反彈時，有些個案會問能否做些事情讓自己有所轉變，在確定他的悲傷已經完整經歷後，我通常會回應他可以試著去幫助其他喪親的人。協助他人的過程像是面明鏡，我們會從幫助他人的過程中看到自己的樣貌，在運用自己經驗幫助他人的同時會產生換位思考的效果，使助人的那方更加理解自己的盲點，而在協助人的同時，也更能運用自己的痛苦經驗同理正在受苦的一方。最後當受助方因此獲益時，助人方通常會重拾對自己的信心，也會對哀慟事件產生不同的感覺。

**個案：**「我想跟你說一件事。」

**會談者：**「請說。」

**個案：**「我按照我們討論的結果，在回診時找到一位也是在疫情時失去親人的人。他和爸媽住在一起，跟他們的感情很好，但疫情時媽媽一樣在住院期間走了。我問他要不要去咖啡店聊聊，後來我們聊了四個小時，你不覺得很神奇嗎？跟不認識的人聊了這麼久。」

**會談者：**「你願意分享這個故事嗎？」

**個案：**「他和我一樣痛苦，也在經歷哀慟的五個階段。情緒常常不穩定，他說自己有時感覺好了，但沒過多久情緒就直接掉到最底，甚至會想說如果跟媽媽一起走了就不會這麼痛苦。」

**會談者：**「從他身上你似乎感覺到了什麼。」

**個案：**「從他身上我看到自己也曾經是這樣，他正在走我曾經走過的路，走得很辛苦。我好像看到自己的樣子，所以我很能明白他的感覺。」

**會談者：**「你用什麼方式讓他感覺好一點？」

**個案：**「認真的聽他說話，聽他講的每個字。我說過我不太會聊天，但我發現我有能力傾聽，我可以聽懂他的感覺。而且當我試著把他的感覺描述出來時，他的反應讓我感覺很不可思議。他說我是第一個可以幫他說出他的感覺的人，其他人大多叫他放手、放下，他聽得很厭惡。」

**會談者**：「他讓你發現你有傾聽的能力。」

**個案**：「對。我繼續聽他的心理歷程，然後試著去了解他媽媽生前是怎麼樣的人，去了解他和媽媽的關係，聽到後來我也快要哭了。我感受到他們關係真的很親密，他正在為這段逝去的關係感到哀慟。後來我跟他說自己在這段過程有些經驗或許可以幫忙他度過，問他願不願意聽聽看，他同意了。我們談了悲慟的歷程，也談了我太太，我告訴他自己在心理治療中的經驗，還有度過哀慟的方法，他覺得對他是有幫助的。後來我們還留了聯絡方式，講好可以互相幫忙。」

**會談者**：「我很高興看到你願意對別人伸出援手，也得到了許多正向回應。想問問你，這次的經驗帶給你哪些特別的感覺？」

**個案**：「第一是我覺得自己有能力幫助人，在幫助他的時候我看到了自己以前的樣子，所以知道那有多痛。但我完全沒想到自己的經驗會對其他人有這樣的影響，看到他情緒變好的同時，我很替他高興。」**（從他人的哀慟經驗看見自己）**

**個案**：「再來是我有一個新的感觸，就是愛有多深，傷痛就會有多痛，不管那是親情、愛情，他們都會感受到一樣的傷痛。但是傷痛好像也是一種共同語言，他讓我們這些活下來的人產生共鳴，我第一次感覺到自己沒有這麼孤單，也沒有這麼特別。」**（產生新**

**的感受，逐步離開哀慟造成的顧影自憐。）**

**個案：**「還有，我不知道這樣想好不好，我當天冒出了一個念頭，或許死亡不一定完全是壞事，它讓我有機會體驗以不同的觀點看待自己和生命。並不是說太太過世是件好事，但是我現在不太覺得死亡是全然的惡。」**（對於哀慟事件有新的想法，可能逐漸要進入接受階段。）**

**個案：**「最後，我想和孩子聊聊太太的事，或許我的小孩也和這位先生一樣難受，但我沉浸在自己的世界裡太久了，都沒注意到他們也在受苦。」**（新的行為產生，包含利他與關愛等正向行為。）**

**會談者：**「在幫助同樣經歷哀慟的人時，你變得和之前有些不同了。很高興聽到你出現了正向的感受，也對哀慟事件有了新的看法，我為你感到開心。」

### (三) 哀慟第六階段——意義（meaning）

在臨床上，我經常會看到個案經歷了哀慟五階段後，雖然會逐漸接受喪親的事實，但是有些人會形容心裡還是有個洞，仍會有種空洞、空虛的感覺，也會覺得這件事情似乎還沒了結。哀慟專家大衛．凱斯勒提出了第六階段：意義。他認為人會對喪親產生新的意義，意義會幫助人們將哀慟昇華，豐富當事人的心靈並帶來滿足與慰藉。他認為意義來自於當所愛之人離世後，找到一個延續持續愛著他的方法，並且也繼續在自己的人生中前進。

這觀念聽起來有些遙不可及，失去親人就是件悲傷的事，怎麼可能會有意義呢？大家可以這樣想，當你所愛的人離開之後，我們會感到痛苦的一個原因是「失去」，另一個原因是「無法再愛他」，這樣的痛苦感受會因為死亡方式、死亡時年齡、死亡是否在預期之中而增減。在哀慟前五個階段，人們會逐漸接受「失去」的事實，但很難接受「無法再愛他」這件事。然而意義可以延續我們對已逝之人的愛，即便他已經是死亡狀態，我們仍然可以找到持續愛他、紀念他的方式。例如失去母親的孩子，以母親的名義成立助人基金會；目睹兒子自殺的父親在戒毒團體擔任志工，保護年輕人遠離毒品；殉職消防員的妻子投入心理專業領域進修，學習如何照顧警消人員的心理健康，並提供他們強健的心理支持。當我們找到延續對已逝之人表達愛與紀念的方式後，意義會翩然而至，痛苦也會隨之減輕。

每一份哀慟都有意義，根據大衛・凱斯勒在《意義的追尋》（*Finding Meaning: The Sixth Stage of Grief*）一書中所述，助人者在協助喪親者尋找意義時，有些觀念可以先記在心裡：

**1. 意義是相對且具獨特性，沒有任何一個人的意義是相同的。**

**2. 尋找意義需要時間，可能需要許多個月，甚至數年才能找到。**

**3. 只有自己才能找到意義。**

**4. 無須刻意正向化失去親友這件事，它不是祝福、禮物，也不是考驗，它是發生在生命中的事實，必須由我們自己找到意義。**

**5. 意義可以療癒痛苦的回憶。**

意義的追尋沒有固定的執行方式，它是透過一次次的會談，在助人者陪同個案經歷哀慟之後逐漸形成。每個死亡都會形塑不同的生命故事，這些故事需要被仔細聆聽、見證，經過長期的思考與感受的淬鍊，最後才會產生意義，因此每份意義都是獨一無二的。

本書下一個章節將合併創傷後成長的概念，呈現一個努力追尋意義的案例。

# 第十一章 災後蛻變的動人篇章：「創傷後成長」

## 一、什麼是創傷後成長

受到心理創傷的人經歷了常人難以想像的痛苦、失落與哀慟，但是有些人會在經歷這些重大失落事件後展現出不一樣的樣貌。一九九〇年代中期，理查・泰德斯基（Richard Tedeschi）和勞倫斯・卡爾洪（Laurence Calhoun）共同提出了創傷後成長（post-traumatic growth）的概念。他們發現在經歷創傷後（癌症、重大疾病、心理創傷、喪親等），有些人改變了，變得更具復原力（resilience）、更加有同理心、更加穩定，因此他們分析出人進入創傷後成長的五種特質。(1) 他們與別人的關係變得更加穩定。(2) 他們在自己的生命中更容易看見契機與目標。(3) 創傷讓他們變得更強韌。(4) 他們在靈性（spiritual）層次有新的體悟。(5) 他們更能夠欣賞生命。

泰德斯基和卡爾洪於二〇〇四年提出創傷後成長的治療架構（見圖九），他們認為

## 圖九．創傷後成長的治療架構圖

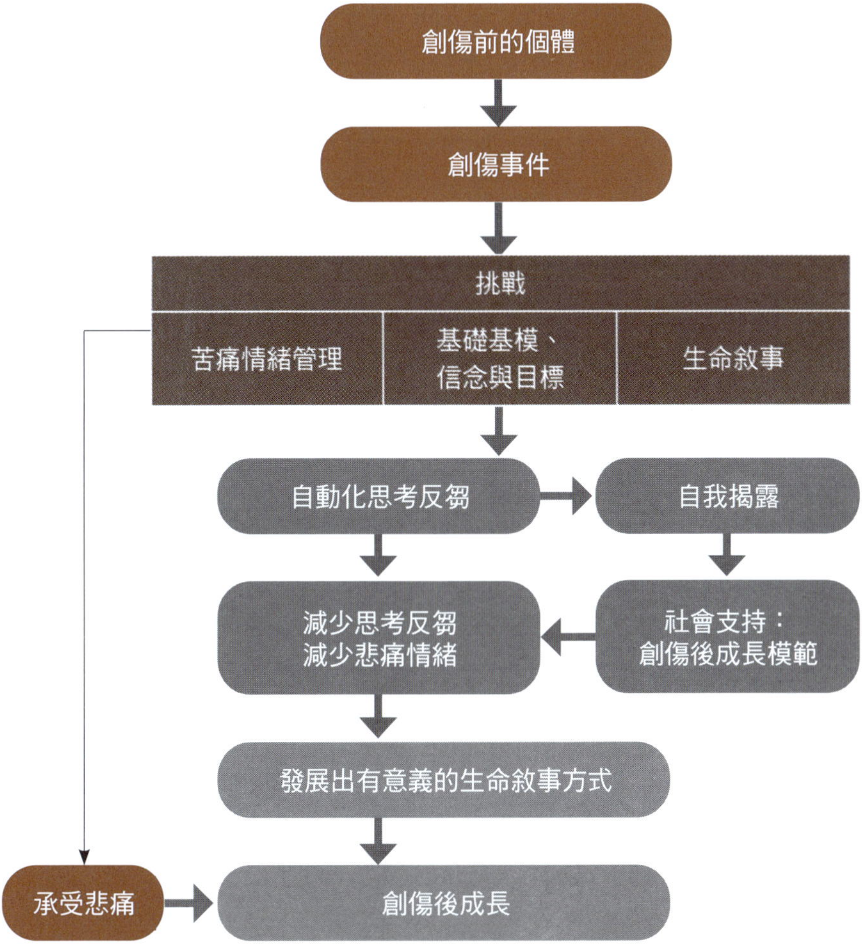

創傷後的人會經驗三個挑戰：(1) 如何管理痛苦的情緒。(2) 自小形成的個人信念與價值觀受到創傷衝擊（例如保護孩童是必須的，但是個案在戰爭現場看到孩童被槍擊死去）。(3) 個人生命敘事改變（例如一位外科醫師志在成為顱面重建專家，但在車禍中雙手嚴重受創，未來難以執行精密手術）。治療師需幫助個案處理三個挑戰引發的各式思考與情緒問題，在這個過程中，個案會經歷大量的悲痛，但藉由不斷的討論與引導，有些個案會產生出新的、有意義的生命敘事內容，最後進入創傷後成長的狀態。要留意的是，創傷後成長固然美好，但它並非是療癒創傷的必要條件，因此助人者無須刻意要求個案往此方向邁進。

## 二、臨床案例：創傷後成長與哀慟第六階段「意義的追尋」

投入醫院臨床工作這些年，我陪伴非常多有創傷經驗的人度過痛苦的日子，也因此有機會看見人性堅韌、美麗、光輝的一面。其中有位案例讓我印象非常深刻，她經歷了複雜創傷與重大失落，她走過憂鬱、走過哀慟，進入漫長的意義追尋，最終展現出創傷後成長。

I小姐是位聰敏、認真且具同理心的善良女性，她的個性有些孩子氣，也容易緊張，在工作上總是盡心盡力，不讓同事添麻煩。她有位疼愛她的母親和照顧她的父親，她自小與媽媽關係十分親密，無話不談，母女二人可以用電話聊上數小時。媽媽一直是她的精神支柱以及親密好友，她留學回國後便依照母親的期待，投入一份母親十分看重的工作，這讓母親感到非常高興，以她為傲。

但在工作過程中，她無意間發現自己是被領養的孩子，而非父母的親生女兒。這讓她感到極度震驚與悲痛，內心遭到重大打擊，但她選擇不告訴母親自己已經知情，這份隱藏的祕密成為她內心深處的痛楚，也為日後接連的壓力事件埋下種子。

不久I小姐認識了一位男性，並在發現自己懷孕後決定結婚。I小姐告訴我，這是她第一次沒有聽媽媽的話，母親對此充滿擔憂，因為這段婚姻來得太快，且對方的一些行為讓人難以放心。果然，婚後不久，小孩出生僅兩個月，先生便拋下她和孩子離開了，這讓她開始考慮離婚。這段時間裡，母親始終支持著她，她獨排眾議鼓勵女兒生下孩子，也非常心疼她在婚姻中的處境。儘管如此，I小姐內心深處的愧疚感卻逐漸加重，她覺得自己並非母親的親生女兒，卻發生了這麼多的事情讓母親蒙羞，這讓她感到痛苦。

雪上加霜的是，她的婚姻關係並未在先生搬離之後好轉，先生除了言語威脅外，甚至出現了肢體攻擊，某次的攻擊還殃及襁褓中的孩子，這樣嚴重的事件讓她感到非常恐懼、害怕。然而結束婚姻的過程十分漫長，她經歷了多次對峙、僵持與攻防，同時還得兼顧工作、養育孩子等責任。過程中先生不時聯繫她，有時態度柔軟，有時劍拔弩張、語帶威脅，有時暗示不惜玉石俱焚，有時完全不回應訊息。這樣的壓力加上對母親的愧疚感讓她身心俱疲、難以負荷，因此參加了心理治療療程。

記得第一次在會談室看到I小姐時，年紀輕輕的她看起來非常疲倦，十分容易受到驚嚇，感覺不到年輕人的神采飛揚。然而即便在身心狀態不佳的狀況下，她仍要求自己有條有理的訴說事件過程，她將事件的起始、意外狀況、時間點都講得清清楚楚。但在理性敘述的背後，隱藏的是沉重的責任與難以宣洩的情感，尤其是她對於自己不是母親的親生女兒，卻仍然得到母親這般愛護的愧疚感。這些情緒深深困擾著她，但她仍在療程中努力學習如何面對。

隨著療程的深入，她逐漸明白這份愧疚感正深深影響她的生活和決策，讓她在面對艱難選擇時都感到進退兩難。最終她決定向母親坦白自己已經知道並非母親親生的事實。母親聽後雖然感到驚訝，但依舊溫柔地告訴她：「我從來沒有後悔過。」那一刻，I小姐感到深深的解脫，彷彿肩上的重擔都在這句話中得以釋放。母女倆哭泣著，在淚水中洗去過去的委屈與愧疚，她們之間的關係因此更加緊密，這份親情也在這次真誠的對話中變得更加深沉而堅韌。

然而上天似乎沒有打算讓這位女孩過上平靜幸福的生活，兩年後的某天，她再度進入會談室並帶來了令人震撼的消息，媽媽過世了。

事情是這樣發生的，新冠疫情後期，I小姐進行居家隔離，症狀讓她感到很不舒服，發燒、疲勞、頭痛、呼吸道症狀導致她無法做事也無法工作，只能靜養。某日晚上，她遵守防疫規矩獨自待在房間進行隔離，媽媽與孩子在另一間房間。隔日，孩子來敲門告訴她阿媽沒有反應了，她大驚失色去查看狀況，赫然發現媽媽倒臥在床鋪上失去生命跡象。她急忙求救，但在醫療介入後仍是回天乏術，媽媽再也醒不來了。這樣的狀況彷彿青天霹靂，重重打擊她的心理狀況。由於父親在這幾年出現了中樞神經退化的現象，記憶力、判斷能力與生活能力都大不如從前，因此父親不太理解家中發生的事，也會忘記妻子已經離世這件事，I小姐只好強忍悲痛，在巨大的哀慟中獨自處理媽媽的後事。

我們試著想像她的處境，關係親密的媽媽突然離世，她要獨力照顧年幼的孩子與生活功能退化的父親。過去媽媽處理家務的責任全都落在她身上，同時她還要兼顧自己的全職工作方能養活三人，所以她幾乎沒有機會處理內在的遺憾、痛苦與哀慟。這樣的身心壓力讓她出現了焦慮、憂鬱與創傷、嚴重失眠等症狀，對已經苦苦支撐的她而言，無疑是雪上加霜。我們立刻著手處理心理症狀的部份，在心理治療與藥物治療的合作之下，她的症狀逐漸穩定下來，但是媽媽猝然離世的巨大哀慟仍深深影響著她，因此我們進入了哀慟心理治療療程。

## (一) 哀慟五階段

就如同所有經歷過哀慟五階段的人，I小姐也經歷了這一切。在否認的階段中，她有時會不想承認媽媽已經不在的事實，似乎拒絕接受這個事實便可以不要面對悲傷。她不放棄與媽媽溝通的機會，時常徘徊在媽媽的靈牌前，用各種方式與她說話。在討價還價的階段，她出現了許多「如果」、「必須」、「應該」的想法。她難以原諒自己，覺得倘若不是自己確診，或許就可以及早發現媽媽的狀況；如果自己多教孩子辨識危急狀況的方式，或許就可以挽救媽媽；她曾悲傷的想過若能用自己生命交換媽媽回來，那該有多好。在憤怒的階段中，她對自己感到憤怒，覺得自己有許多事情做不好；她也生媽媽的氣，氣她為何拋下自己一個人；她曾經生孩子的氣，氣他為何不懂自己的心情；她生父親的氣，氣他無法幫助自己；她生世界的氣，生氣為何是自己遭遇到的些事。在憂鬱的階段，她經歷了漫長的情緒低落，無望感、疲倦、悲傷、痛苦席捲了她，她彷彿在汪洋中飄盪，人生失去了方向。即便她將孩子照顧得很好，每日幫父親張羅三餐、換洗衣物，也同時維持自己的全職工作，但是她仍然難以感受到成就與快樂。

## (二) 哀慟需要被看見

在哀慟的心理治療過程中，無論當事人的哀慟是什麼樣子，哀慟都需要被看見。我們秉持著這個原則，溫和、深入的討論她的哀慟。我們談論了媽媽的樣貌，因此得知媽媽是位理解、包容、慈愛的女性，她很少抱怨自己的事，多在關心女兒與孫輩。媽媽是個有高超生活智慧的人，她知道怎麼與大家打好關係，如何維持伴侶關係和諧，如何完成家務同時帶好孩子。對她而言，媽媽是全能的，總是能幫助她處理所有事情，人生中就算碰上風浪，只要媽媽在就不會有問題。她對媽媽是全然的信任，並且充滿了愛。

## (三) 愛有多深，痛苦就有多深

哀慟的來源之一為「無法再去愛過世的人」，因此他們感到痛苦。在媽媽離開後，她無法再和媽媽說話、無法表達自己的感受、沒辦法再對媽媽好，這樣的遺憾讓她感到悲傷不已。在會談時，常會聽到她還有許多話想對媽媽說，也有好多事情想陪著媽媽一起做，想要一同旅行、過節、陪孩子長大。她的言語中充滿龐大的遺憾與哀傷，令人聞之鼻酸，也同時感受到她對媽媽深切的愛。

### (四)在哀慟中進行選擇

I小姐一直是位努力、負責的人，即便肩負如此重擔，她仍嚴格要求自己照顧好爸爸、孩子與工作。她擔心爸爸身體不佳，因此中午休息時間會再趕回家為爸爸送午餐；她擔心孩子受到媽媽過世的影響，決定有空閒就要陪伴孩子，上下課親自接送，假日陪孩子去公園、展覽（中午不忘替爸爸送午餐）。我敬佩她的用心，但也感受她的焦慮，同時也非常擔心她過勞、疲倦，因此我們談論了深層的想法，談論這些行為與媽媽離世的關聯。她逐漸明白自己其實是在追逐媽媽的腳步，她想要和媽媽一樣能幹、有條不紊、從容的處理所有家務並照顧好每一個人。同時她的焦慮也來自於非常害怕意外再次發生，所以她不敢停下腳步，生怕只要自己一疏忽就會有壞事發生。最後她感受到這些重擔對自己身心都造成了影響。

身處哀慟容易讓人感覺自己無所適從，但事實上哀慟無法奪去我們進行選擇的能力，會談者在觀察當事人的哀慟觸底之後，可以和緩的讓當事人明白做出選擇的意義與重要性。會談半年之後，她決定要做出些改變，她練習以自己身心狀況為標準，判斷自己當下狀態是否適合執行高強度的照顧工作，若做不來就不應勉強自己。同時她也練習求助，對外尋求資源幫助自己。在練習初期，她總是兢兢業業的擔心會有糟糕的事情發生，也擔心前來協助爸爸的人是否可以勝任？讓人感佩的是即便她如此擔心，她仍嘗試著做出這些選擇。在過程中，她似乎逐漸穩住腳步，慢慢抓回生活的節奏，因此她做出了更多選擇，她選擇放下部份責任，練習不親力親為每一件事；選擇在忙碌的生活中排出時間思念媽媽；選擇營造與孩子的親密關係同時保有界限（boundaries）。

或許有人覺得只要個案有能力做出新的選擇就表示狀況變好了，然而不見得如此，因為對自己有益的選擇往往伴隨著挑戰。會談者必須注意個案在執行新選擇時的狀態，有時他們會勉強自己做出過度的改變，此時需要陪同他們靜下心來談論強迫自己改變的原因。會談者在此時提供的支持也非常重要，人在嘗試改變時會需要適應期，在此期間提供情緒、資訊上的支持會大大穩定個案的狀態，讓他有更多資源與餘裕注意到自己轉變後的樣貌。

## (五) 接受與意義追尋

在母親離世後近一年，農曆新年即將到來，她表示仍然非常想念媽媽，很懷念過去團圓的日子。有些親戚朋友建議可以一起圍爐，她感謝親友的好意，也體會到溫暖，但頗為猶豫是否要這麼做。我有些訝異她沒有答應此事，因為她是位習慣回應他人善意的人。她告訴我，這個新年還沒有決定怎麼過，因為她還沒有確定自己的感受，我邀請她談論這件事，她表示或許安靜的與爸爸、孩子的團圓也很好，他們可以在這個節日裡懷念媽媽，感受她不在的狀態。她在說這些話時是感傷的，但同時伴隨著深思熟慮後的平穩與堅定，最後他們三人平靜的過完了媽媽不在的新年。她仍然非常想念媽媽，想念她為他們做的一切，同時她接受了媽媽不在的事實，用自己的節奏走向下一個篇章。

在育兒路上，我們很自然的會依照自己幼時所接受到的照顧方式來養育自己的下一代，I小姐也是如此。她一直記得媽媽的美善、體貼、包容，因此不遺餘力的把這些感受帶給孩子。誠如前段所說，她在初期有些太用力，因此感到疲倦且挫折，也常責備自己不夠好。然而在她學會評估自己狀態，知道如何在育兒過程中適當的「配速」後，她開始有餘力深入的感受親子關係（心理學稱之為依附關係）。她變得愈來愈能理解孩子的情緒、想法，也愈來愈能掌握疼愛與規則之間的分寸。起初她非常擔憂單親媽媽教養對孩子的影響，十分擔心孩子沒辦法得到一般家庭的愛與溫暖。但在她用心、慈愛的教養方式下，孩子和她形成了安全的依附關係。孩子享受與她分享情緒的過程，喜歡和她一起做手工、用餐、整理家務、說說學校的事情，也在參觀I小姐的工作環境後，童言童語的說長大要和她做一樣的工作，要和媽媽一起上下班。從孩子的言談中，可以感受到孩子對I小姐滿滿的信任與愛。她曾經擔心孩子是否會太依賴自己，但某次孩子至朋友家過夜之後，這個假設暫時被推翻了，孩子非常開心的完成第一次外宿，也沒有分離焦慮的狀況，回家後孩子笑嘻嘻地告訴I小姐自己沒有想家，以後還要再去住別人家，她哭笑不得的接受了這個現實。

在某次會談中她告訴我：「或許媽媽的過世不全然是件壞事，我依舊想念她的一切，但或許因為這件事，讓我有機會成為一個好媽媽。」這段話中蘊涵了深刻的感悟與內在啟發，經歷過哀慟，她學會了如何獨自面對生活的挑戰，並找到自己的教養方式。她與孩子的關係變得更加親密，孩子也對她充滿信任。母親的離世雖帶來了悲痛，但同時也帶來了意義，讓她在愛與成長中找到新的自己。

國家圖書館出版品預行編目 (CIP) 資料

三階段心理防災體系：從韌性培養到心理急救與復原的實務應用 / 吳子丰，趙義揚，王鼎嘉著 . -- 第一版 . -- 新北市：風格司藝術創作坊出版；[ 臺北市 ]：知書房出版發行，2025.01
面；　公分
ISBN 978-986-5493-44-8( 平裝 )

1.CST: 心理治療法 2.CST: 心理創傷 3.CST: 災難救助

178.8　　113019545

# 三階段心理防災體系

## ——從韌性培養到心理急救與復原的實務應用

---

主　　編：王鼎嘉
作　　者：吳子丰、趙義揚、王鼎嘉著
責任編輯：苗龍
發　　行：知書房出版
出　　版：風格司藝術創作坊
235 新北市中和區連勝街 28 號 1 樓
Tel：（02）8245-8890
總 經 銷：紅螞蟻圖書有限公司
Tel：（02）2795-3656 Fax：（02）2795-4100
地址：台北市內湖區舊宗路二段 121 巷 19 號
http://www.e-redant.com
出版日期：2025 年 1 月　第一版第一刷
訂　　價：480 元

---


ISBN　978-986-5493-44-8　　Printed inTaiwan